宋·董逌撰

廣川書跋

中國書店

詳校官檢討臣何思鈞

臣紀昀覆勘

欽定四庫全書　　子部八

廣川書跋　　藝術類書畫之屬

提要

臣等謹案廣川書跋十卷宋董逌撰逌字彦遠東平人題曰廣川從郡望也逌政和中官徽猷閣待制王明清玉照新志載宋齊愈獄牘稱司業董逌在坐則靖康末尚官司業矣丁特起孤臣泣血録並記其受張昌邦僞命

為之撫慰太學諸生事其人益不足道者然其書畫賞鑒則至今推之是編皆古器欵識及漢唐以來碑帖末亦附宋人數帖論斷考證皆極精審其據左傳成有岐陽之蒐定石鼓文為成王作雖未必確而說亦甚辯然能知孫叔敖碑不可信而滕公石槨銘乃信博物志西京雜記之語又如以紀為裂繻之國不知其是卿非侯以寔中列遠岫為謝靈運

詩不知其爲謝朓亦多疎舛要不害其鑒别之精也乾隆四十九年閏三月恭校上

總纂官臣紀昀臣陸錫熊臣孫士毅

總校官臣陸費墀

欽定四庫全書

廣川書跋卷一

宋 董逌 撰

父乙尊彝

李丕緒得古彝銘曰作父乙尊彝其下為蜼形或疑其制余曰此古尊彝也其在有虞氏之世不則自商以前其制得於此未可知也書曰日月星辰山龍華蟲作會宗彝藻火粉米黼黻絺繡孔安國以會為繪謂尊彝亦

以山龍華蟲飾之鄭康成曰宗廟之器欝尊虞氏以上虎蜼而已聖人以飾尊則於服以宗彝所飾而為絺繡自漢至今學者嘗疑之以父乙尊彝考者可以信也方虞氏尊用虎蜼則非一器矣丹陽蔡氏得祖丁彝為虎形考古圖不能推見虞氏宗彝之制迺謂兕形古人飾器各以其意虎為義蜼為智觀其飾可以知其意蜼寓屬其尾岐出今於彝可考而見也或曰乙丁商人尚質其稱謚云考之於禮幼名冠字死謚自周以然其在商

夏則以丁壬癸甲為别知虞氏之世亦若是也記者猶曰辛壬則於名可知矣

蜼敦

祕閣有敦其實罕也政和三年内降宣和殿古器圖凡百卷考論形制甚備於是館下以藏古器别為書譜上校書郎黄伯思以圖示余曰商素敦者其高五寸五分深四寸一分口徑六寸七分其受八升重六斤有七兩皆今之權量校也其制兩蜼首耳下有珥蓋其尾岐出

且曰古敦之存於今者若周宰辟父敦散季敦邦牧敦戠敦虢姜敦皆有款識此器特異疑為商人制也余考之蜼寓屬其尾岐出古之宗彝也自虞舜已然豈特商邪於是定以為蜼彝

罍尊

王得君藏山罍且世世寶之嘗曰昔梁孝王有罍尊戒後世善寶即此器也或曰尊罍異制不得同名余考之漢謂罍尊蓋彝卣罍器也卣中尊也然則罍大尊可知也

古之酌酒皆取之罍故廟堂之上罍尊在阼犧尊在西則罍謂之尊可也應劭曰罍畫雲靁之象以其為罍故飾以雷者此其文也鄭康成謂上蓋刻為山雲靁之象如此則孝王之罍蓋夏后氏之寶矣禮曰山罍夏后氏之尊也

伯作父丁寶尊彝銘

傳言人年二十有父之道朋友不可復呼其名故冠而加字年五十矣耆艾轉尊又舍其字直以伯仲别之此

周公定禮以變殷制如此今曰伯作父丁殆以名著不諱其死此殷禮也殷人無字見者又伯仲之稱不必五十故以生號仍為死後之稱則父丁是也若二十稱伯則以甫某配之五十之後直呼伯仲知殷禮異矣

仲作辛㽙銘

伯仲之叙别長少自堯舜以至三代盡然惟著稱則異夏商不待年五十凡長則稱伯次則稱仲周人必待五十而後稱伯仲此其制文也仲作辛㽙其可考者以名

知之辛壬丁甲惟殷為叔而伯不配甫者亦殷道也禮緯曰質家稱仲文家稱叔又益知其説信然

貍首豆

祕閣古豆制作甚樸趺為函獸或以其質曰商人豆也政和三年祕書考定古器以函獸為貍謂射以貍首為節其制以豆示於小獸不遺故以備乾豆宴賓客因曰商貍首豆或以問曰貍首為豆禮乎曰非也昔之制禮諸侯以貍首樂歌也射以歌樂為節故其詩曰曾孫侯

氏四正具舉大夫君子凡以庶士小大莫處御于君所以燕以射則燕則譽夫如此故詩以時會為意而且有燕也諸侯之射必先行燕禮燕禮所用饋食之豆薦羞之豆恒豆水物加豆陸產其用則燕器也燕器無異制則又有貍首以為別邪且刻畫祭器博庶物也雖卻仄連紆之行脰注旁翼股胸之鳴求以備物為飾不有遺也故雖翼而飛庶爪而餈䬾攫而兕虎惟所宜而設焉其以小獸而自私哉余恐議者未嘗得其形制也如騶

虞采蘩且又寓之籩豆簠簋之間邪

著尊著直畧反

内府古尊昔嘗出示於朝故人得圖之無足無銘刻腹為獸首附肩著耳安定胡瑗曰鬴無脰有足壺尊有脰著無足嘗疑其名又謂尊以罍壺是其制也今考周官朝獻用兩著尊饋獻用兩壺尊以壺為尊益祀器也古者饗用祀器為禮之重自用著尊不類引以為据誤也禮曰著殷尊也著尊為著畧尊故說禮者言著地無足

如此定爲著尊可以考矣古者著尊無足則凡著地無足皆以著名之

商瓶

祕閣有瓶二其一高七寸七分深五寸一分口徑四寸五分受一升其二高七寸深五寸三分受九合其制無四廉樸素不文或定以爲商瓶古量比今纔及三之一則其受一升當古之三升不得爲瓶也孔子曰瓶不瓶瓶之所以爲瓶者以有瓶也瓶以廉制得名則無廉隅

者非觚也漢世以周之文敝而欲得三王循環之政且謂救僿以忠則質尚矣故曰破觚為圜漢不知觚為廉茍以尚質趣便則去其廉隅此漢人之所為也後世不考其制以為此但取喻不知破觚可無其事而假以說邪古者操觚執簡以有記也惟有隅故可以書今觚無廉而以圜成者此豈知古人之立制哉

象觚

祕閣有觚高八寸一分其容六合有羡上下為雲靁飾

足為四象或以問余對曰此象觚也禮射人升賓賓升立于西序東面主人盥洗象觚升酌饍東北面獻公公拜受爵觚之别如此或謂以象飾者為象觚然觚亦為象飾邪曰觚容三升是亦觚也特容受有差故以名異鄭康成曰觚有象骨飾也故為象觚竊為當漢之世古器存者盡矣其在邱墓者未出故不得見之則飾以象骨者漢人制也康成推漢之制論之故不得於古

一柱爵

祕閣有爵一柱以度校之高六寸七分深四寸一分口徑六寸五分濶二寸七分容八合飾以雲靁下為饕餮狀崇寧三年余至館下識之歎曰禮之廢久矣二千年後誰復傳此器也方今天子以興禮樂為務意者天以三代之禮行乎不然此器何為出也或曰爵必兩柱猶鼎敦之有會簠簋之有葢也必三柱加上以覆持之爵有坫反而加其上者以有柱也今為一柱意以滿必覆其著戒乎曰非也爵有舉舉必反酬故更爵易觶此禮

之用於獻酬者也若夫燕禮進受虛爵降奠于篚則以君尊不酌也虞禮以虛爵入于房則以不貴酒也虛爵無坫故不及反反者以坫示其醻也然後受洗則虛爵不易且不反也故一柱為主古之為器以雲靁為飾非特謂氣蒸而澤潤其以為物之需者如此至于饕餮異獸也以是文之爾貪財為饕貪食為餮古之著戒至矣不必以自食其身為太甚也

牛鼎

牛鼎無銘識昔内府出古器使考法定制工官圖其狀求余識之曰深八寸六分徑尺有八寸其容一斛刻文塗金世不知所本乃考禮圖圖有牛鼎羊鼎豕鼎其足以牛羊豕為飾可以得其名矣鼎足盡為牛首知其為牛鼎也荀爽曰鼎象三公之位上則調和陰陽下則撫育百姓牛鼎受一斛天子飾以黄金諸侯白金三足以象三台足上皆作鼻目為飾羊鼎五斗天子飾以黄金諸侯白金大夫以銅豕鼎三斗天子諸侯大夫飾之如

羊鼎士以鐵飾之三鼎形同以足為異然豕鼎則天子諸侯大夫士所得共用也羊鼎自大夫以上有之其别以飾至於牛鼎大鼎也惟天子諸侯有之其飾以金者天子器也以爽説考之合矣其三代之所用也

二方鼎

祕閣方鼎二其一高二尺二寸八分深一尺三寸九分口徑尺有七寸三分受太府之量一斛七斗五升又一高減一寸二分深減四寸四分其受量損二斗三升足

四承其下形方如矩鼎之制其見如三禮鼎器圖者最古謂以銅為之三足者鼎也其後劉向謂湯使人持三足鼎祝於山川漢得魏脽適三足故有司得以藉其説謂泰帝興神鼎一黄帝作寶鼎三禹鑄九鼎象九州皆嘗享上帝鬼神其空足曰鬲以象三德諸儒許慎蘇林如淳顔師古輩皆謂禹之鼎惟其三足以有承也韋昭以左氏説莒之二方鼎乃謂其上則方矣其下則圜與祭用鼎鬲無所異方其時古鼎存者盡廢其在山澤邱

隴者未出故不得其形制然亦不知考於古也昔禹使飛廉折金於山以鑄鼎昆吾使翁難乙灼白若之龜鼎成四足而方不灼自成不舉自藏不遷自行而古之為鼎四分其足以有成者雖禹猶然知鼎之方者亦得四足矣今世之有魯公文王方鼎有單𢍜方鼎有王伯方鼎有陀員庚子方鼎惟祕閣方鼎其大受斛其飾為羊此古之所謂羊鼎者也或曰魯公方鼎其銘為尊彝單𢍜之鼎其銘為從彝王伯之鼎其銘為寶彝一作盫其制

與秘閣方鼎相類特容量不同其名異者何哉余考之曰禮有六尊六彝六尊以待祼六彝以待祭祀賓客及祭之日表齍盛告絜故逆齍以受膳人之盛視鑊以受烹人之腥古人於此雖異制矣然彝卣罍同器而尊則與彝同薦太祝六號器同謂之齍盎以彝器為常器齍以待而獻也故黍稷稻粱醯醢牲牢同謂齍者惟所用以有別也傳曰以壺為尊故謂壺尊然以鼎為尊以鼎為彝以鼎為齍其為尊彝與齍同制有所本也今考父

癸方卣其制卣也孔文父歈卣其制尊單彝從彝其制卣盉與觚皆具蓋宗彝常器也尊卣常薦也其從以享者隨器以名之古人於宗器其重如此

古豆

祕閣有豆其制甚備中直而下承有跗如盤禮官疑之政和三年詔盡出古器俾儒官考定蓋朝廷講禮既備將大革器物以合三代或以問余豆之制不同何哉余曰禮之所設其器異也詩曰于豆于登都騰反傳曰瓦豆

謂之登豆之制則同毛氏謂凡爲𣏟木爲豆不知古者銅爲蓋有制也夫五齊七醢七菹三臡此豆實也清廟未食則爲朝事以菹臡爲薦至于薦孰則蠃䗪蚳魚尸既食矣后夫人亞獻故有加豆房中之羞主婦右之則有羞豆加豆有鐙有挍故禮曰夫人薦豆執醴者授之執鐙此加豆也豆今存者已衆其鐙不具者朝事及賓客饋食之器也若后夫人當獻豆于尸則執醴者供之故授夫人以豆而執鐙禮有嚴其分者雖一器猶有存

也鄭康成曰豆以木為之受四升此宜梁院正湛相承

以自絶於禮者葢漢世其器未出故論如此

蟜足豆

上方出銅豆蟜蚨有葢葢有柱無銘可考禮學號蟜足

周豆足為盤蟜其名以此然高九寸一分深三寸二分

口徑五寸四分其容三升見於禮文此周豆之制也嘗

考古豆之見於今者可得而存之矣惟此有葢存焉其

與簠簋之制同也傳曰葢謂之會會有柱可仰以食故

饋食禮曰佐食啟會卻于敦南先儒謂佐食者取會卻置而奠之以待尸入而食公食大夫禮曰賓卒食會飯先儒謂取飯於敦蓋仰會而食置其餘以待餕也夫豆宴豆蠃廬蚳魚其為加豆芹蒲箈筍羞房中之豆酏食糝食不為飯器也呂靜曰飯器謂之簋古之為敦甗盤杅亦或用以為飯之薦然仰會以飯自豆以分古之食禮如此特牲饋食禮曰筵對席佐食分簋鉶注曰分簋者分敦黍于會為有對也敦有虞氏之器也周制士用之變敦言簋容同姓之士從周制也

犧尊

將作監李誡出古銅牛以示曰此謂犧尊於禮圖考之不合余謂古之制犧尊如此後世不得其制故禮圖者失之鄭康成曰畫鳳凰尾婆娑然今無此器當禮家録禮器則依康成為據昔劉杳號博識雖知康成為誤猶謂刻木為鳥獸鑿頂及背以出酒昔魏得齊大夫子尾送女器作犧牛形晉永嘉中曹嶷發齊景公塚又得二尊亦為牛象杳蓋未嘗見犧牛分其首受酒則又脗合

如全牛時受酒受飯則開而出内之以是為異沓乃謂

鑒頂及背誤也康成當漢世此器尚未出宜不得考其

制如院正聶崇義則二器已出雖未嘗見魏晉梁齊書

盡得考之矣乃畫牛負尊何其愈陋也今世此器多見

禮器故可知或曰沓謂以木為之何也余謂古者亦以

木為尊故曰溝中斷木以為犧尊知其有據木久則壞

世不復傳今人見者皆赤金也謂古不得以木為尊是

待目見而後信者可與論禮制哉

著尊

著尊殷制也其形範樸古無復疑者昔内府出周著尊文采緐縟夔躍龍翔靁回雲紜有旋動之勢此固為周制也又有獸傅翼而飛或曰蚩尤之形也夫褕剛蚩尤銅頭石項飛空走險故古之鑄㬰象物則必備之或曰蚩尤著貪暴之戒不以此論也銳喙決吻數目顅脰小體騫腹古之所謂羽屬刻畫祭器以備制為薦所以致飾也

虎彝

廬江李公麟得彝於新鄭銘三字余求得之并圖其器京兆呂大臨曰兩耳飾以虎首葢虎彝予攷於書宗彝謂虎蜼也方虞氏世世宗彝之文如此其會於裳則蜼備舉矣嘗見父乙尊為虎然虎蜼雖飾宗彝非一器盡備疑宗彝之飾各得其一以見當是時二者皆見於宗彝故古器之存於世無二物備載一器知舉宗彝以見二物也伯時虎彝則異父乙尊為虎以飾耳非虞氏制也

昔周人追享朝享祼用虎彞蜼彞自為二器益周所制也

蜼彞

考古圖曰祕閣所藏大小七器形制畧相似其二大者為行獸二首及身有斑文似虎而岐尾如蜼腹下空可以縣故為錞崇寧三年余就館中求之信然後得王氏古彞其制如此則古宗彞也方唐虞時宗彞之制如此其以為絺繡倣此而已後世作器文采日以加縟故有

隱起雜飾不復樸質如古故今之所見蜼彝虎彝或器各自別知三代皆用此至周其制漸改於古余嘗求宗彝未見有二物同一器者益嘗疑古不必一器具此或二器同為宗彝故書舉虎蜼但曰宗彝其説在祖乙之蜼彝至此余竊疑之其為斑文者虎也歧尾者蜼也此豈古之備二物於宗彝制邪

罍洗

祕閣有罍其高若干容若干有洗若干其徑尺有六寸

余按罍洗皆水器也燕禮設洗於阼階東南當霤罍水在東冠禮設洗直於東榮罍水在洗東葢古者祭祀燕會皆用罍洗所以盥也罍貯水洗受水凡行禮者盡然君尊不就罍故有匜盤皆以致潔也洗飾以雲靁與罍同器也或謂洗以黿魚為文取精潔之意不然黿魚皆水蟲而或又飾以藻荇此皆以類取也不必過求且又以藻荇可羞於鬼神邪

烏鍾

祕閣鳥鍾自上降出其高八寸二分口徑六寸三分其重若干鍾之制甚質鼓間容六舞間容四于間不及鼓二無旋蟲繞獸疑周初之器文未縟也其銘作鳥形祕閣謂畫鳥為象以自别歟余考古文大抵皆畫也畫以象形則古之所謂書如此昔籀文烏象鳥形而點目以鳥目可見烏目不可辨篆文曰從鳥而鳴亦烏之聲也古人制字可以類得之矣或曰流火伏屋為烏此周受命之符也歟著以烏或宜本于此余考螽歟鳳歟皆以

銘器安知烏非其以名著邪

雲靁鍾

御府有鍾無欵識可考然鼓間一雲一靁此銘也古文畫以象形而為之説者以為周鍾理或然也祕閣以權度校得高六寸三分衡甬高三寸三分兩舞相距五寸二分横四寸兩欒相距六寸横四寸四分考其制于鼓鉦舞其體也甬横其柄旋幹其所縣也篆有四以介其面也枚三十有六所以鎮其浮也周之制以其鉦之長

為之甬長以其甬長為之圜是故小鍾十分其鉦間以其一為之厚為遂六分其厚以其一為之深而圜之令考其度畧相合矣然余信以為周人之所作也

古盤銘

古盤銘得之河南翟氏其銘為舉盎而進之此其義也朴質不飾有足以承此殆古之匜盤也匜以注水承水於盤不使水散於地尊者之所用也

叔郭父簠銘

臨江劉原父得銅簋考其識曰叔高父作鬻簋余按古文高當作郭鬻當作旅郭象城郭相通旅猶為中為衆與今文無異簋人三衆也簋形圜而楕如龜原父因歎禮器散亡得此可以證禮圖誤謬且今所用簋疑禮家無所據依崇寧五年紀城得銅器數十物有内圜外方如桶其形者其簋正作龜形容量不及今六升纔三合余考之知為簋也傳曰豆實三而㲄豆為四升則簋容一斗二升以漢量挍之周一斗一升有竒魏齊權量於

古二而為一周隋則三而為一今之量法猶當魏隋之中則不及六升者正周之斗二升也古人制器隨時則異後世偶得一物即據以為制不知三代禮器蓋異形也又諸侯之國得自為制豈必盡合禮文哉今所見宗器自為多制鄭康成謂制之同異未聞蓋古人慎疑如此

伯考父簋銘

陳氏得古簋其文曰伯考父作此寶簋形制與原父所

得甚異不知其為何代器也然古以敦璉瑚簠為同物漢儒考定皆黍稷器也前世禮官謂簠簋以銅而後世以木者非也鄭康成曰敦有首者尊器飾也飾蓋象龜周之禮飾器各以其類龜有上下甲則所論已異賈公彥唐人名知禮其論簠簋曰以木為之容斗二升上刻以龜如是而已豈不知旊人為簋其用以銅者自周有之而夏商則或以玉今簠簋有幸而存者皆銅也若旊瓦刻木則宜世久不得見周之簠簋大夫刻為龜諸侯

飾以象天子飾以玉則楕而圜以象龜蓋者諸侯制也刻以龜而為飾於蓋者大夫制也後世以大夫之制行於天子且用以享帝則非矣禮家不論於此

伯巢父銘

古甗皆有蓋有梂其下可爨上可羃以為烝塵者也許慎言後改為甑甑甗形相類不可便為一物特後世甗廢而甑獨存也觀甗人溉甑甗司空濯豆籩便知甗非甑矣甗在漢讀若言在隋音彦今人作偃不知聲類所

以改者何也古者鼎俎簠簋皆有數故其次者謂之旅旅言其衆又曰亞也獨甗不見上下之等與其數如何今其銘曰伯㝬父作旅甗知古之為甗以備薪烝者非一器也考古圖以𥁕作溫今按籀書溫之文若此孫炎翻以余廌謂進也王存又瀘水篆字亦若此然則字當為瀘

旅匜銘

此器類觚但容受勝爾孫炎翻字作移尒隋韻始為頤

音古今之言異也昔人得於萬年涸中歐陽文忠釋其文曰張伯作煮匜考之於字煮當作旅以王存乂書考之匜則沱字今文以沱為池宜世不加考也禮器有匜而無沱匜為方中也則此器為匜可知古人於書凡器用則外從方古人方為匚若缶為⿷匚缶杯為⿷匚不籩為⿷匚籩篕為⿷匚艮其取類衆矣篆方匜从方而古文不用疑昔人作字務從簡古或去其方故後世疑之禮家論匜謂為盛水器陸灋言劉臻以為類椸盎古所用以酌也漢人或

謂形類羹魁中有道可以注水故懐嬴奉盥公子揮之今考其制與羹魁異矣是匜之類不一疑漢人所見異也

鬻簋銘

先秦古器有鬻簋楊氏古器圖有鬻甗永叔集古皆存其名不𣪺或曰以火亨鬻也不知簋盛黍稷且又可亨飪耶考其文協當為旅今字學諸書有據可考不知諸公皆以為鬻何也古之食禮有正食又有陪食而進黍

稷者以簋進稻粱者以簠故有八簋六簠又有一物而二簋者皆旅陳於席則以衆列而進者皆謂之旅其甗言旅者亦用以亨亨非一器也

尊彝銘

季保季得彝于長安耕者其銘曰集作尊彝萬壽無疆子子孫孫永寶用夫尊彝異形其制以彝者此彝尊也呂大臨疑孔文父歛彝為壺尊之屬而銘以彝蓋古之制器自有據而彝之制亦不一矣惟其用以名之唐開

元十三年萬年人王慶獲寶鼎五銘曰乘作尊鼎與保年鼎同文但乘字刓缺不可識疑此鼎是也

廣川書䟦卷一

欽定四庫全書

廣川書跋卷二

宋 董逌 撰

石鼓文辯

世傳岐山周篆昔謂獵碣以形制考之鼓也三代之制文德書於彝斝武事刻於鉦鼓征伐之勲褒於兵鉞其制度可考後世不知先王之典禮猶有存者鑿山刻石自是昭一時功績唐世諸儒以石鼓為無所據至謂田

玁之碣葢未知古自有制也歐陽永叔疑此書不見於古唐迺得於韓愈韋應物以其文爲足頌亦恨不得在六經推大著説使學者肄業及之其驚潛動蟄金繩鐵索特以其書畫傳爾顧未暇掎摭其文刿之部類中後世得考詳方唐之時其文隱顯未盡缺落徵詞索事或可得之而愈應物徒知狡玁受朝宣暢威靈儱讋夷夏故愈謂此爲宣王時應物以其本出岐周故爲文王鼓當時文已不辨故論各異出也嘗考于書田玁雖歲行

之至于天子大蒐徵會諸侯施大命令則非常事也故四王二公後世以為絶典然則宣王蒐于岐山不得無所書或史失之其在諸侯國當各有記矣不應遂使後世無傳此其可疑也當漢之時見號奇字如甄豐輩定作史籀書竇蒙以為宣王獵碣而曰我車既攻我馬既同張懷瓘以此本車攻詩因考合前説且曰諷畋獵之所作也愈應物其書籍之則有據矣然為諷為美其知不得全於文義見也傳曰成有岐陽之蒐杜預謂還歸

自奄乃大蒐于岐陽然則此當岐周則成王時矣方楚合諸侯求大蒐禮者不知宣王嘗狩於岐山以合諸侯況小疋所美其地本東都又選車徒無大號今則不得為盛節古者詩書不嫌同文其據以此便謂宣王未可信也呂氏紀曰蒼頡造大篆後世知有科斗書則謂篆為籀漢制八書有大篆又有籀書張懷瓘以柱下史始變古文或同或異謂之為篆而籀文葢以其名自著宣王世史所作也如此論者是大篆又與籀異則不得以

定為史籀所書叔向曰昔成王盟諸侯于岐陽楚為荆蠻置茅蕝當時以為重禮故後世不得泯没宣王蒐岐陽世遂無聞哉方成康與穆賦頌鍾鼎之銘皆番吾之迹然則岐陽惟成王大會諸侯則此為番吾可知書言成湯狩于亳故後世有亳亭宣王狩于敖其在地記則著敖亭詩曰選徒于敖其事可以考矣周書記秊於蒐狩之大皆書則合諸侯而盼大命亦一見於成王此其可信也昔人嘗怪自漢以往好奇者不道此書迺不得

秦文若者猶得人入録藏之當漢號史書以刻晝奇崛

益亦不得盡其文則其不見道固宜獨怪愈於唐中世

得之乃謂勒勲以告萬世又恨聖人於詩不得見之石

鼓之謞自杜甫尚歎不知愈何以知其意謂編詩有遺

也或曰此成王時詩則頌聲所存聖人不應去之果有

豈不知邪曰轡之柔矣作洛皇門此周公作也詩書不

得盡見將一時所訓非理亂所繫不足施後世者不得

著也其因後代亡之亦未可知也曰予信為成王頌何

前世未有考者則其説使人盡得信乎曰蒐于岐陽書
傳再見而車攻之獵詩以為教此可謂無所據乎此余
考於古而知之世亦安得異吾説者知考古而索其事
自當有所得爾不待此以傳也

毛伯敦銘

龔伯宗器其子邠所作也邠以功受天子命服赤芾彤
冕黄裳鑾旂則作彝器以奉宗廟因以載其寵靈可以
求其禮也皇祐中長安民得於渭上銘曰毛伯内門立

中庭右祝郝王呼内史册命郝王曰郝郝昔先王既命汝作邑今惟亂商乃命錫劉原父以毛伯為毛宗鄭歐陽永叔書以為據楊南仲呂大臨以鄭為郝説文弁作畀因以為證古字繁省雖不可盡考然鄭則從奠不應至此而弁不從臼其文異甚不知何以信之許慎顧野王書有鄉鄉等字呂忱謂鄉為周大夫名鄉為畿内地名惟名不可以字義知之而地邑或以為名亦不可知然則呂忱獨以鄉為周人名者恐或自得有據傳曰原伯

毛伯文王之子原毛之後世為王臣仍為伯爵或本封絶滅食采畿内故以采邑稱春秋時毛伯錫魯文公命説者文王子封為畿外之國考其時諸侯無毛國而毛叔仍文王子其受封在滅商後令曰皇考龔伯則非毛伯鄭矣周之制食采畿内者皆以地著姓則毛伯亦其食采於毛者不必以毛國尚存而號於王畿也銘曰乃惟商亂知周之册也周之商亂其在成王世三監之變矣然此時毛伯國未絶故知非以存其本號者然赤芾

鑾旂本以錫命諸侯至于畿内之伯得以為寵者知為王之加賜者也

魯公尊彝銘

古篆魯旅同文劉炷謂有文在手為魯疑不得若此其後得古文[illegible]字傳模既失又改為旅字李陽氷以文當如圖蓋為魯也祕閣有銅尊銘作圖公諸儒不能考定或以為魯者非也以古文考之其書以鹵為魯在漢猶然其作圖者蓋古者簡質其省文亦自有據宜世不得

而知學者每謂諸侯不得祭天子而魯獨用天子禮樂二戴為書謂其說可信至于非二王後而得稱公此周之所以崇魯也故魯公拜後不以為過蓋自周公時伯禽稱魯公矣今考此銘合於禮書其尊彝則自有制也

龔伯尊彝銘

龔伯尊彝臨江劉原父得於長安制形類敦而大其重若干其容若干附耳為奇獸口圜上周以回文下畫為雲氣以禮考之罍也用之廟獻其上㓷尊彝故刻銘以

此彝尊自是二物有彝則有舟有尊則有罍其制如此

彞之之制宗器自宜有序則彝尊罍以次列矣其銘曰

彝尊舉其大也傳曰彝卣罍器也又曰彝為上尊卣為

中罍為下形如壺大受一斛但此器亡其尊彝惟罍存

爾考于禮書犧象著壺大山此尊也雞鳥斝黄虎蜼此

彝也若罍則一矣其制皆為雲雷狀其上飾以回下飾

以雲回為古文靁字故以雞彝盛明水以鳥彝盛鬱鬯

以犧尊盛醴齊宗廟七獻二祼為奠不歛朝踐尸歛五

獻卿即天子與上公同九獻二祼為奠則尸飲七可以獻諸臣故子男則五獻是尸飲三可以獻卿大夫士三獻無二祼直有酳音印尸三獻故王酳尸因朝踐之尊醴齊后酳尸用饋獻之尊盎齊其臣卑尸酢賓長即用罍尊禮曰廟堂之上罍尊在阼犧尊在西然則古人自以罍彝尊同名蓋相序以成禮也古廷設罍諸臣所酢人君以黄金飾尊大二石金飾口耳其自諸侯卿大夫則無金飾也韓子曰罍大器天子以玉諸侯大夫皆以金

士以梓其説雖異然令世所見惟銅則其説或可信龔伯尊彝考於禮則大夫制也其稱盖（當作益）公原父以為非謚所見且古文益作坎卦自隸書始變而今文或異然古謚（音益）為益自當以古文定也戞顧野王曰大也乙憲翻篆文戞與顧同古文作醜自當從篆

叔䜌鼎銘（䜌音鑾）

叔䜌作鼎考其制形則宗器也銘曰二十有三年王在宗周王命叔䜌余考於書周既營成周以居商民而以

王城為宗周卜宅土中復歸西周故周官曰王還在豐多方曰王在宗周其後十一世犬戎攻宗周而平王始遷故黍離閔宗周宫廟之靡周自是不復居宗周矣其曰王在宗周則知其在幽王之前可以考也史自共和前其世數最長而可知者穆王在位五十五年昭王雖不見居位歲月然穆王五十受命改元則知昭王在位之年久也昭穆皆有二十三年則叔䜌作器葢在二王之世矣銘之所書有鬲彝尊鬲葢宗廟之器說者以木

横貫鼎而舉之謂鼏鼏然易之鼎象則為金鉉豈叔繇之鼎以為金鼏者邪尊彝有六其器也則用本朝踐獻踐不可考也三代鼎彝有銘多矣而曰靈終者今見於此㬇鼎之銘又曰靈始靈終古者以靈為善其文與今同此其謂善頌者也

伯庶父尊鼎銘

劉原父得古敦其銘曰伯庶父作王姑舟姜尊敦世或疑舟為丹又以為井者其文可考朱鮪集字舟為古文

周字顧野王謂舟為周詩言舟人之子則周也古文不一其體減增上下隨其形異不能盡以點畫校也如伯庚父伯郭父咢上下二體文皆異也此猶可以參考至寧為丁丁為丅省文示意豈可盡求於點畫間耶庚父知為名矣以尊敦求其制其為有蓋飾者豈庚臣得用哉知周無丹氏井氏列于侯國者舟也齊在周為大國世與姬為媾以國聘者在名則為太姜少姜在謚則為文姜宣姜穆姜在國則為齊姜晉姜衛姜蓋以國繫姓

者不特諸侯之國其在大夫以采地著者猶得稱之然則其謂周姜者可以知也周之世諸侯無以周為謚者王畿周公則得號之其他非王子弟母妻則其君王后也伯庾父於書不可考然謂吾之姑者知其為姪矣禮有王父母無王姑其以大稱者或得號而兼之知伯庾父為齊子也或疑為王之姑者則以周為謚矣若王之姑姊妹則為姫氏或疑以異姓為姑姊婿者又非周制也尊敦失其葢不知形制所本然文飾備盡至于揜也

尊敦上分趾皆作獸形此其為有飾者也惟諸侯則得用之

商洛鼎銘

此鼎制甚大校以今太府權量為斤若干其容若干銘曰惟十有四月既死霸王在下都雝公諴作尊鼎原父以丁為寧其說是也周既都洛而以成周為下宮所以異宗廟也諴周古史考曰周公營作下都則今洛陽何休曰周成王所都也其曰十四月者蔡君謨嘗疑之此

葢自王之即位通數其月爾或謂周之十四月為夏之二月元命苞曰夏以十三月為正故管子有十三月令人之魯二十四月魯梁之民歸齊二十八月萊莒之君請復之語如此自是古人書時不必月嗣君未改年以月數計之邢子才曰四十二月之科一依恒式彼自其君即位後以月為數其時則已再改年矣葢循用古制服制小傳盡書以月此正未成君之制故昔人謂時王未改年者其説得之

盉銘

伯王敦子作寶盉其制異哉禮學未嘗考也昔許慎以盉為調味器顧野王直以盉為味陸灋言以盉為調五味鑊蓋自周官儀禮竄失本文後俗襲誤莫知所本也今考於書則以鑊為鑴而以鑴為鬵鬵為器盆之大者盌則小於盆而同制矣則盉不可謂鑊孫强亦以盉為大鑊又曰鑊大鼎也劉臻呂忱以鑴為大鍾皆非有據少牢饋食禮曰羹定雝人陳鼎五三鼎在羊鑊之西二

鼎在豕鑊之西而禮經改盂為鑊則失其制久矣瀍言雖能辯其名而不知鑊非可用割烹則亦誤也古之饔祭爨在廟門之東故初陳鼎於盂西後陳鼎於阼階爨為竈盂即煑薦體之器也升食者自盂以受於鼎鼎陳阼階則薦食於上矣故實鼎曰脀(音征)實俎曰載肩臂臑謂之前體膊胳謂之後體正脡横脊謂之體薦短正代脅謂之體解故體各異盂盂别一鼎盂中肉孰各升於鼎故取於盂以實鼎取於鼎以實俎然後可以饗食可

以薦孰禮之成也後世不知俎鼎之制雖具簠簋籩豆有事於祭祀有司庀事謹守舊文而器名物體皆不能辯則盉臡已久其名又改尚得求其制而用耶

史伯碩父鼎銘

史伯碩父鼎二至和元年虢州得之嘗命校其權量所極并其形制圖焉其一高尺有七寸八分深尺有一寸二分徑尺有六寸九分受一斛二斗重若干其二高尺有六寸五分深尺有八分徑一尺五寸八分其受一斛

重若干銘曰惟六年八月初吉巳子史伯碩父追孝於
朕皇考釐仲王母舟母尊鼎凡四十三字其六字刓缺
不可識或謂支干相配五行無巳子也余按商兄癸彝
為丁子周戠敦作乙子其類甚多葢以剛日柔日相配
而制器之日用剛則以柔配之用柔則亦以剛為配之
五行之用然也戊巳為土戊為土生巳為土滅剛日不
用而以巳配者葢用其剛必即柔以成之今術家猶然
在甲子六年正月朔當辛未則八月一日朔當戊子然

碩父正宣王時其曰史伯則史臣而位大夫者故得作宗器以薦祖廟班固以史伯為厲王世昔鄭桓公宣王司徒問國於司伯則不得為在厲王時矣今官庫有史頼𪒠銘同其皇考舟母或以碩父為頼字者雖然必名與其字為配至其作宗器於廟則不得以字著也頼或與碩父為兄弟此不可得知矣今𪒠二以犛仲為皇考而以舟母為王母犛〓其王父則以舟為王母其周女也稱王父以皇考則周固有之矣古之為史者書傳直

以名配之而不著姓氏其世代不得考也然銘有用蘄綽綰眉壽或為説曰綰如祈天永命綽如垂裕後昆以其書考之恐不盡得其文古人於書直有不可意得者況以秦文考之耶

弡仲寶匜銘

古人制灋其書已亡不可得考今惟幸其器時有存者可以察也京兆民得古器為銅方匜其大若干其深若干文飾緐縟世不能考以灋數惟其銘曰弡仲作寶匜

劉原父釋曰寶医医於禮為櫝凡所以盛弓弩矢也而方中矢字又不與古文合不知何據而言也今考篆文集字當作匧其書尚與篆合古文匧不从竹後人因之从竹者誤也小篆雖秦文然亦存古古文不廢其同者甚衆若匧从夾其文可以得矣惟方字為古文然小篆自不从竹其用竹者或體也世或疑篋未有範銅為之此猶以从竹為古之器矣嘗見諸書說金箱石篋無不備也延康中上黨抱犢山功曹李及於巖得書四十卷

盛以金箱然箱篋以載而藏之為名用金用竹隨其所為也豈但盡用竹哉弫之忍翻訓曰弓強也余以自漢以後諸書考之集古以為張仲誤也

弫仲寶匜銘

上方所藏旅簋至衆獨無旅簠呂氏考古圖所載備矣大抵皆簋也昔嘗考其銘竊有疑於此矣簠簋古人共用之器也雖廢棄已久不應獨存簋而無簠匊藏所得不應盡藏旅簋以故世不得其制禮家乃為一器但方

圓異耳嘗見紀城得器方圓雖異大抵類椭惟盎為龜此古医之制也大觀元年劉仲馮以其家藏古器上之適余在館始盡模其銘併得原父釋考之其曰弡仲寶医原父固以為張仲所作器也医又作医余按弡伯之器既曰匧矣今而則又以医為医其説異也考其文方中作赤以古校之則為医與簠同其文古也後世禮學既廢簠簋之制尤失至以方圓論辨而不知天子諸侯卿大夫異制苟為傳誤襲謬方且守之不議何也

杜嬬鋪

禮器無鋪古者陳獸謂鋪以金飾物亦謂之鋪説者以其形制類豆疑古又有此器也余考簠从甫自古文如此然其以金爲之或從金此不足怪也或曰簠稻粱器也漢之釋禮經方曰簠圜曰簋簠内圜外方簋内方外圜余竊疑漢人不知何所據耶古器存於今者簋不圜則簠不方可知矣今曰鋪尊則以簠爲尊受飯爲簋受飲爲尊以受飯之制爲飲之制器則其制固宜異矣

方甗銘

李氏甗無秝銘曰方鬳或疑其制余為考之古者謂鬵上下大小若𩱡曰鬵亦鬵器類甗古文作鬳令仲信父之銘則作甗知字有兼存古人用之不一其制矣紀有甗齊晉以為重器然其用不過行於饗食令舉國為重號於天下則必有異者將國君之器自異而紀侯之甗則又其尤異者也

紀城敦銘

紀城在齊之東古裂繻之國齊桓公既滅之矣崇寧元年民有得古器數十於城者惟敦之制異甚其大若盤可受今二斗二升者嘗考之鄭康成以敦為槃類賈公彦曰以木為之今世所得古敦制形大類鼎高鬴甗乃知其說異也盟會王敦當以玉為之不在飾也且祭祀之時有黍稷故以敦盛黍稷若合諸侯盟誓則不用黍稷矣故敦中盛血夫以銅為敦用以烹飪也則其制宜與鼎鼒類若以玉為敦則不可以爨矣當謂有待於盛

血者是也然則其形制自當相類不然則不可以敦名也

石鼓文

避（我字下同）車既工（通攻）避馬既同避車既好避馬既騂（鄭音寶郭云恐是籀文騂字）君子員員（古文員字）邋邋（良涉反通作獵）員斿麀鹿速速君子之求卣（薛作首鄭作酋郭云恐當作卣）亐（薛作及）亐（趙本有此）茲呂（古以字）寺（諸家皆作時）避毆其特（薛鄭皆作孫字）其來趩趩（办亦反）𧾊𧾊（許建反一本重此）𤇾𤇾（音義未詳石本有重文）即避（今作敔與禁禦

之槃同　即時麀鹿趍趍陳知反薛作趩趩　其來亯薛作首鄭云亯亦作適

既施本無此字　避敺其樸其來遺遺趙本有此二字　射一本作避音啟槃同

其䝤音義未詳　蜀

右一薛作辛丈鄭作丙丈

汧殹古也字又郭云讀如繄語助也　沔沔鄭叶作綿籀作泛　丞郭云讀如蒸　𠬝籀文

皮字借作被音　淖淵鰋鄭音鰋　鯉處鄭叶作居　之君子濞籀文之魚從寸　之

澫澫鄭云即漫字以萬通作曼　又通有　魦所加反今作鯊　其斿今作游　⿺走戠⿺走戠薛作

散鄭作𢿨相關反　帛古文泊字下同　魚鱳鱳音洛薛作鱳　其蘯鄭云盪亦作蘯讀與

俎豆之俎同氏鮮黄帛其鱄卑連反鄭作鮒又鱄又鮊鄭云即鮊音白其胡乙及反鄭本作豆孔庻䜌謨官反籀文𤔔字之𤼸𤼸丞若反逕逕籀文洋字鄭音汙今作澣𧼈𧼈鄭作博即遄字其魚隹通維下同可通何下同隹鱮隹鯉可㠯橐符霄反之隹楊及栁

右二薛作戊文鄭作甲文

田車既安鋚郭云大幺反音條勒騂騂一作馬眔一作從既簡左驂旛旛右驂騝騝渠李反避㠯隮于遼古原字避戈世阭鄭作阭薛作陕籀文今作陸又趙本作止射宮車其寫讀如卸秀弓寺時

射麋豕孔庶麀鹿雉兎其又作有旃鄭云今作紳其趚

鄭云作奔武作走大鄭本有亟字在大字上古直字也出各亞施云汗簡作亞古孝

經作惡杲薛作界字鄭疑思字郭云恐是臭字古老切大白澤也執而勿

射庶⿺辶樂⿺辶樂郎擊切鄭云與轢同君子迺石本作逌薛作迺郭鄭云逌當作攸樂

右三薛作丙文鄭作丁文

鑾車⿱山夲石本作⿸广用說文作𠦪呼骨反薛作⿱𡴀丂字鄭云拜字敕眞鄭云即塡亦作

鎮弓孔碩彤矢諸本作四馬其寫六轡驁驁

鄭云五到反讀若遇諸家並闕一字無重文辻諸家作徒騝鄭作馭孔庶廓薛作廓

亶古宣字搏搏峕鄭云即茵字車載衎籀文道字徒如章遼涇通作隰陰陽趍趍七走反即趣字六馬射之𣄰籀文族字鄭云借作鏃字迋今作徐如虎獸麀諸本作鹿如多賢迪鄭云今作狗禽避兔薛作鹿一作㲋允異右四薛作丁文鄭作戊文言策命諸臣天一本無此天字有蔓蔓二字霝雨湫今省作流迄湧盄止遥反一作盈渫鄭云今作潗私列反濟鄭作滋郭云濕君子即𣥠涉湫汧殹也洎洎淒淒舫舟囪薛作悠或作由逌鄭云即歸字或作遐

自廓薛郭作廓鄭籀文作鄠徒駿湯湯隹通維舟𠂤衍或陰或陽极其輒反鄭云即楫字薛作枝湀𠂤戶一本無此于水一方勿止其奔其敔鄭云今作禦其叓古文事字

右五薛作壬文鄭作辛文言漁狩而歸

猷作籀文通作遼作衜即導字遄我𤔲鄭作洽字除帥敓被⿰阝序音序郭作阪⿱艹算薛作𦽶音莽郭云恐是莽居蚪反鄭本作⿱艹算今省作莫為卌石本作𢀩施云卌三十也蘇合反非世字也里㣲徾薛作徾鄭云未詳音義徾一本無此重文逌薛作迺鄭云逌作攸圁薛作罟鄭云亦作圁䰞古臬字作棫其

檝格讀作皓方老反薛作格字肅肅薛作庸鄭云未詳音義鳴亞箸薛郭作籀文若字鄭作箬其奓薛作華鄭云亦夸為所斿聲薛作憂鄭云今作夔籃郭作盤云籀文盤字今省衜百尌樹合薛鄭音合鄭云疑即龕字音響又模本下有孫字非

右六薛作庚文鄭乙文言除道

而師亏矢孔鄭本有此三字庚左驂此字鄭本有滔滔是哉說文古熾字與此相類不具奪薛本有礴字闕音後具肝薛作肝鄭作肝音吁求

其寫矢石本作㚇薛作尖鄭作矢具來樂天子施云鄭本子下有來字嗣王始古我來

右七薛作甲文鄭作壬文

𣪘被走𩤛𩤛鄭音劑馬薦鄭云今省作薦㫗若石本作𦯞薛作奔鄭云即若字古諸字從此散施云說文與𢼸同薛作放音非也雉立其一之施云宿二本下皆有止字按此本作之字

右八薛作巳文鄭作庚文

施云此鼓最磨滅僅存十三字不復成文

遊水衛導既平既止喜薛作嘉𠟭則里天子永寍

㝵曰佳維丙申遊其用衛馬既申敕肅肅施本作康

康篤左驂駮駮五到反驖驖鄭音遬扯子一反鄭云疑即撻

字女道汝不[illegible]郭云籀文翰以飛鄭音同霧薛作霚郭云恐是籀文霾字公

誚天余及如周石本作𥁕施云害字鄭云周今省作周不余及

右九薛作乙文鄭作癸文言阼道

吳道作康人憖亦作讌亟即亟字朝石本作勒薛作敕字鄭云即朝字夕敬

載卣即西字載北勿奄勿伏薛作戊字鄭作伏字㞢鄭云即嵒字或云即

畢字而出獻薛作獻字鄭作符字用　大祝

臺薛作高字鄭云今作臯埶薛作執說文執與藝同鄭云亦作社寍寧同逢

弗孔闓籀文閒字麀鹿舊本鹿字在上麌麌避　其　麀鹿⿰尋專⿰尋專

鄭云即曈字天別本作大　求又　是

右十薛作癸文鄭作巳人

廣川書䟦卷二

廣川書跋卷三

宋 董逌 撰

周姜敦銘

伯百父作周姜尊敦其器無文飾則自命士以上得用殆與秦漢習器無以異也周之世齊姓重天下故當時語曰姬姜觀原父所得敦三皆為姜氏則世以為齊姓可知周之諸侯與大夫卿蓋無以周為謚者惟伯禽弟

守采地居王之畿内世以周自别後世如宰周公類可以考也其謂姜則王畿之公也或言王之支庶子弟亦得以周號者且王子弟則或自有封矣支子分屬王畿者則以采地著其受姓命氏則子孫各以其姓自顯葢不以周自稱知彼既别於周矣若平王之子封汝川初以周為氏此其以周著者古之宗廟不出四封然得自長安知非汝川之周也

晉姜鼎銘

晉姜鼎以今權量校之其重若干其容若干以合周律
當為權若干為量若干周自中世天子不得考度量協
彝器侯國得自為制則當晉國不知其為權量輕重多
寡銘曰維王十月乙亥晉姜曰余維嗣先姑君晉邦余
不敢荒寧知其為晉鼎矣然則其謂晉姜則齊女也春
秋時齊歸晉女者獻公則齊姜文公則大姜平公則少
姜其在春秋前則穆侯夫人書傳間有遺缺不得盡見
然其著者此尔少姜蚤死齊姜不得主祀穆夫人不盡

穆侯世惟文公夫人當襄公世猶不棄祀事疑此大姜鼎也聖人作春秋於歲首則書王謹始以正端故舊史以示成法今晉人作鼎則曰王矣是當時諸國皆以尊王正為法不獨魯也考於禮制鼎者或以宴享亦或以饗祭其數亦異矣故有正鼎者謂牛羊豕魚腊腸胃膚也其在羞鼎則膷臐膮矣蓋食禮無膚祭禮則有之故其大者為膚鼎惟鼎則享備禮也晉姜之作殆膚鼎謂耶腊音昔乾肉也膷音香牛臛也臐音熏羊臛也膮音寮豕臛也見內則

孔文父㱃卣銘

孔文父卣其制異也昔呂大臨嘗疑之謂制度蓋尊壺之屬而銘謂之卣余嘗考之有足為尊而著尊無足魯公方卣銘為尊彝敦必三足如卣而伯庶父敦則足如杆彝卣同器而父癸彝實為方卣夫卣之大亨謂以木巽火然旅卣陪卣雖不受爨有亨養之道故卣以有載也且有舉而行也受食為食卣受歆為㱃卣食歆之異重醴稻醴清酒黍醴清酒粱醴則致飲於賓客豈無器

而節厚薄之齊哉春秋傳曰尊無魯壺此器為似其謂之𣪘豈醫馳糟盎有火齊而節之謂耶

大夫始𣪘

大夫始𣪘其銘曰惟三月初吉壬寅王在味宮大夫始錫作彝又曰王在辟宮獻工錫彝錫章又曰大夫始敘對揚天子休用作文考寳𣪘孫孫子子永寳用按禮四命受器則上大夫也故冊祝於錫命將之博士呂大臨問曰古者受命作器祝冊命書必載之宗彝子孫寳用

惟永永無怠以無忘其初古人於此以侈大王靈而著昭寵其章大矣又以告後之人其以致戒者此以禮乎取之何哉余曰此神之約也自商以上則不列於此矣夫與神約者非必命祀郊社羣望以盟詛而存也葢以祖宗為祀而求使子孫不廢用享者此與神約者也故大約劑書於宗彝使神監焉使人畏敬不敢違也故不能守其約而廢器者其刑墨公法治之此其為約也先儒以彝為宗廟六彝葢尊之制爾余謂凡宗廟常器皆

宗彝也虞氏宗彝至周分為二者豈可以宗彝盡宗廟之制哉今考古器存者鼎敦尊卣等衆矣皆著銘曰彝則宗廟之器其常用者皆得銘之矣不必謂六彝之所書也

宋公䪫鐘銘　䪫音坙

崇寧三年應天府得古鐘六於崇福院其一為黃鐘之宮高一尺四寸分鈕高四寸兩舞距一尺四寸半横一尺三分兩欒距一尺六寸八分横一尺有二寸其二為

大呂之角高一尺三寸四分鈕高四寸一分兩舞距一尺三寸五分橫一尺兩欒距一尺六寸三分橫一尺一寸五分其三大蔟之徵高一尺二寸八分鈕高三寸九分兩舞距一尺三寸二分橫九寸二分兩欒距一尺六寸其四夾鍾之商高一尺二寸七分鈕高四寸兩舞距一尺二寸三分橫八寸八分兩欒距一尺四寸橫尺有二寸八分其五姑洗之羽高一尺一寸五分鈕高三寸八分兩舞距一尺五分橫八寸兩欒距尺有二寸三分

横九寸三分其六 缺

銘曰宋公成之䪫鍾按史記平公名成當周簡王時共

公卒華元魚石立少子成是為平公立四十四年當魯

昭公時見書春秋宋本商後而商出自帝顓頊當高陽

氏之世樂號六莖今考於書曰䪫樂名其字與莖同列

子以為瑩其實一也宋均曰能為五行之道立根莖比

説恐不然古人以英為華以莖為實高辛氏既發其英

則高陽氏實之於莖所以反本流根以宣暢其味氣使

天下咸得而遂焉夫是故以名云當周之世樂用六代

獨不見英莖之作於時疑宋為商後於其國而用之以

存其禮樂茲故得而作也嘗考之襄公世作商頌以祀

成湯故閔馬父曰正考父挍商之名頌十二篇於周之

太師其輯之亂曰自古在昔先民有作夫以挍而輯之

則考父所作也太史遷曰襄公之時修仁行義欲為盟

主其大夫正考父美之追道契湯高宗商所以興作商

頌韓詩章句曰商頌美襄公作也馬昭曰宋為殷後郊

祭天以契配於郊冥者異於先王故詩詠契之德宋無圜丘之禮惟以郊為大祭且欲别之於夏禘故曰大禘夫能祀契湯商宗有道則其臣宜作頌歌以薦之廟是宋用商之禮樂其作頌者無可怪也考其詩大禘春初則用殷祭也食嘗有樂則禮用殷也錯衡三等同之非周制也鞉鼓楹貫於宣王時考父效之如考父不作頌且謂睎尹吉甫者何哉余故謂頌成湯作埜樂則宋之制得以考矣天子方作大成樂以紹百王絕業故嘗求

鍾之制不得周之舊鍾存者衆矣側後則陊而不應横貫則扶摇而不得定考擊備設則震掉而或不得盡其音聲有司患之翌日制詔丞相御史以謌鍾為正故今鍾得調焉乃下詔曰得英莖之器於受命之邦非天相之其能畫感德之事哉

宋君夫人餗飦鼎

余既為編修官畢完書宋公緐之鼎矣葢餗為八珍或曰有菜之鼎也翌日挍書郎黄伯思持宋君夫人餗飦

器以問君與夫人竝為餗器此何制也余曰古者祭祀饗食饋羞薦獻各有制不得相亂則饋餗器用於房中之羞此夫人之禮也少牢曰主人酬尸宰夫羞房中之羞於尸侑主人主婦故君與夫人宜各有饋也餗在禮為糝食糝一為菜烝牛羊豕糝稻為餌則糝以相參為名自是別器呂氏圖曰餅於字書不見疑為鉶葢古鉶為鈃此以書名求之非也夫人羹謂之鉶鉶湇也其可謂之餗哉古文臂鏜為釬似鍾而長頸為鈃釬器有葢

不得形制疑畏之長頸者也

餗畏銘

祕閣至味舊畏其銘曰宋公䜌餗畏少監羅畸摹其款識以問廣川董某曰史記宋世家無公諱䜌者豈宋自為謚或以菜地舉耶某曰周公惟二王後稱公而微子啓實封於宋宋非畿内地且不為謚其曰宋公果商嗣也竹書有宋景公䜌而史為頭曼孫炎以䜌為頭曼合聲以辨周秦之語今考班固漢書猶有兜䜌蓋亦著其

聲如此或曰餗䊮食䊮也今飦䊮亦曰餗者用以饗食其禮異乎曰古者天子諸候食禮䊮俎各有數故有左䊮陪䊮特䊮然謂餗䊮者糁䊮也傳曰糁謂之餗又曰筍之為菜則餗也古謂八珍漢儒論者以八珍有肝膋無糁鄭康成考於周謂糁在八珍中而周官筍俎與此自異故薦食不同古之食饗若糁有菜則入八珍不須肝膋若糁無菜則入羞豆今直曰餗䊮則糁有菜之䊮也

宋公寶簠銘

河南王氏得銅簠六其制各異銘曰宋公作寶簠或疑其器在一時而制不同將無所考於禮耶蓋禮則有之後世不得其制而但守一物而為据者鮮或不亂於禮也元豐三年詔禮官考据典禮定為奉祀禮文其書大備禮官請依古作簠簋器上難其事謂禮制無明憲今偶得一器即用為据古之禮豈盡此一器嗚呼昭鑑遠矣今考宋公簠知禮器未可以一而据也

邛仲頮盤銘

邛仲之孫伯戔作頮盤銘曰惟王月初吉丁亥邛仲之孫伯戔自作頮盤用蘄麋壽萬年無疆子子孫孫永寶用之昔人以初吉為疑葢古文以王為缺則其為正可知按說文頮作沬馬融曰頮面器也傳曰洗手謂之洮洗面謂之靧古之事親者垢燂潘請頮與靧同古今文異也邛中萊地當周畿內疑為王子弟古有邛疏即其後也余怪古人於用器自期眉壽欲子孫永永用之不

窮不知後世子孫不憚口澤者能朝夕用乎或謂父詞如此至子孫之詞不得用此也

周舉卣銘高九寸二分深五寸九分口徑八寸二分容一斗六升二合重十四斤一十一兩

祕閣既定作古器圖并考論其制上之或以問曰同為古文舉然此為舉卣謂可舉耶且三代之器言舉者衆矣已爵為舉丁卣為舉凡可舉以進者謂得名之今按此卣銘舉其器非爵可舉而大且容斗六升重十四斤

其得舉哉曰晉平公有臣杜舉酌公以罰又罰其二臣且自酌也後之為制者設之於庭以待直言晉謂杜舉其後改為百獸尊設於庭以示百官其昭大矣不必為一爵而存也葢因名而得以有作矣然制器簡古文字特異葢晉之當世或其後人所作以示於衆非秦漢之君所為也觀古之制器類有所本而揚觶洗觶一時有見乃傳後世不忘况其器猶傳此其可貴者豈偶然一古物供耳目之玩好哉余願得附其言於此竊有慕於

古焉

癸舉器

新平張氏得古銅物或以為觚其容三升則當古之一斗余知非觚之制矣銘曰癸舉以癸為名疑為商之時而器乃周之制矣其形範與觚異者以無四隅而廉稜皆廢不得為觚傳曰觚之為觚以有觚為廉不為廉者非觚也或謂舉器名疑古人之制名者也曰癸為名矣而舉又為名定誰名耶今鼎有舉爵亦有舉謂可舉也

昔杜蕢揚觶其實為觗後世以為舉者本此或古人以自有舉於書不可得考燕禮主尊觗於篚古人觗為觶士長升拜受觶主人拜送觶作觗鄭康成曰古書或作角旁氏則與觚相近學者多聞觚寡聞觗寫此書亂之而作觚耳當漢之世二字相混然癸非商人則此當為杜舉或曰何知非商之器曰吾考之禮媵爵者洗象觚今癸舉則為四象者以其形制索之知周物也

亶甲觚

始余得亶甲城觚其高八寸六分容一升考其制蓋古所謂觶也又得李氏觚高一尺一分其容六合無壇宇廉隅其足為四象考其制則觚也梓人曰爵一升觚三升獻以爵而酬以觚一獻而三酬則為一升禮家於此疑矣考於古器無有合也昔韓嬰謂一升曰爵二升曰觚三升曰觶四升曰檄如此則觚定二升觶定三升古者權量三不當今之一則其容六合李氏之觚是也若亶甲城所得挍之周量三升有奇則當為觶矣傳曰觚

之為觚者以有觚也今亶甲器無觚與觶得以觚名矣

昔鄭氏謂梓人之觚字當為觗觗與觶同制則其言是

也禮器制度曰觚大二升觶大三升饋食禮主人洗爵

獻長兄弟於阼階上長兄弟洗觚為加爵則觚倍於爵

其實當二升古之論者盡如此余是以知梓人之書誤

也

齊豆銘

考器之形知為豆矣而曰齊豆呂氏以銘得之曰作太

公郭公孝公豆葢齊世家太公之卒百有餘年子丁公呂伋始立如郭公以下三世至孝公始見於史記去呂伋十四世矣今考齊世家無郭公曰孝公則其世數甚遠雖一豆之薦不如是遍於宗廟然自一時作器書以有别不知諸侯享廟其得至十四世耶當周之時秦有太公其後世為孝公田氏亦有太而後世無以孝公為謚者雖世有相類然以太公號求之孝公皆遠在十世後可考也

蠆卣

祕閣有舊卣祥符初齊郡王上之其銘作蠆形余以書傳校之疑為公子蠆也春秋時如鄭厲魯公孫與陳祥之族雖皆以蠆制名然自昔古器得者多子尾所為自送女器不苟作皆考合禮經存當時制度知子尾為器其衆且不勝舉也古之為書者盡於象形傳曰書者畫也故凡有形之物必寓之象至無形不可以象類得者然後寓之意而會焉意不能會而形類隨變則轉注以

相授指事以相辨諧聲以相合故知字本象形且曰孳乳以相生也其變於此者形不足盡然後廣取以備物各有本也許氏説文解字雖本秦篆然蠆之字猶爲象形葢秦人改書文以作故其原亦本古字惟點畫少變服虔曰蠆長尾謂之蠍特其尾之名耳又曰蠍毒傷人曰蛆（張列切）則蠍其毒之及人者也今既以蛆爲蠅種則不復以螫爲蛆矣以蠆尾爲蠍則還以蠆爲異文宜其古字廢也

甘鬲

余考此鬲無銘識有刻在蓋曰甘以書文考於古在篆為箕在籀為期在古文為其然未少異也刻畫朴古款識深重與蠆鬲相類書至精工非後世書篆家可識自漢以來功力漸改無復款文如三代時故悉刻鑿為之今視其文如木蠹蟲行以此知為周秦間寶器也嘗考于古齊公孫竈生欒施施字子其至其後世以王父字為氏故漢有況其古者廟器以名宴器以字此其為燕

器者與欒施氏嘗作此器後世守之不廢按其籍至咊中齊郡上之齊無其姓與名可索而知也今考古文孝經其為尊古文老子其為示或體為尊王存乂為丌古書亦無為甘者惟顧野王以甘為箕後世共疑於此林罕以甘為其蓋本䁥銘以考書法當古文廢絶後罕能以古學自考不徒爾也昔走作寶咊鍾銘與季姜敦盉及石鼓皆从甘為其則林之説是也今人不知古字或議罕不能据古而自多臆説觀䁥篆所存乃與罕合孰

謂不知而妄有作也

王子吴歙斝

潞國文公守京兆得斝其銘曰惟正月初吉丁亥王子吴擇其吉金自作歙斝其糜壽無疆子子孫孫永寶用之書家考古謂無斝而斝見三蒼知為斝也古者以尊壺受酒而斝亦屢見取用一時以得為之余見古器衆矣非宗彝以祀則其功庸所在故有銘也計功稱伐於此乎陳之矣曰自作歙斝葢惟宴私用之抱朴子以辱

金不可用以為藥且為器皆有避然擇吉金是慎其所養也古者敦斝卮匜非餕莫敢用之又以口澤不可用器而謂子孫永寶用之其何据耶意者用以為享乎或以此戒之可銘也

寶龢鐘銘高八寸一分衡甬高四寸四分兩舞距七寸七分横五寸五分兩欒距八寸九分横六寸六分重十斤五兩

祕閣寶龢鐘銘曰𧺆作朕皇祖文考寶龢鐘𧺆其萬年子子孫孫永寶用享呂氏説曰太史公稱牛馬走其後

班固蔡邕亦皆以走自見於書蓋卑以自謂託於此也或謂託於下走自漢如此周人未甞有此甞考之夫以作宗器薦之祖廟宜刻名以自列其曰走為賤稱非言懼名禮此昔人所慎也走自是著名以别支子况於子孫其可以名廢耶古人於書走丮同文在今其有據者如此又如不可據者尚多此皆未有可考也禮官曰銘稱皇祖文考謂祖文王也世數雖遠葢推本原不然昔人衛莊公曰皇祖文王烈祖康叔文祖襄公古人稱

文祖文考不必舉謚如襄公曰文祖則可以孝矣豈必

文王之子而謂文考以其皇祖稱考又不可附其說古

器刻銘若[illegible]作文考尊師艅作文考彝戠作文考敦豈

皆以文王享乎且諸侯不可得通天子其得通天下而

享之非周制也

寶龢鍾

寶龢鍾二與前一器同制禮官考其權量度數高七寸

五分衡甬高四寸二分兩舞相距七寸橫五寸三分兩

鑠相距八寸四分横六寸重十三斤十二兩以今太府法制求之如此其鍾以雙鳳為飾又其旁刻字作鳳形若鳥鍾飾鳥為名舊號鳳鍾古著字本象形故凡有形之物必寫象以見欲其有識也至於形不可得與無形象而可求則凡有意可會有事可指皆為别類以見若其事可假其聲可諧其意可轉而相授皆字之變也嘗考古文鳳字但畫鳳尾為之小篆轉以為朋司馬彪曰鵬者鳳也然則鳳形為銘知為鳳也或曰周之興鸑鷟

嗚於岐陽疑周人著瑞以示後世此余不得而知也

號州古鐘銘

號州所上古鐘其高三尺二寸有奇口徑八寸三釐其頂徑一尺六寸銘曰王叔伯高作其字摩滅不可復識皇祐三年改造樂律内出古鐘命有司考詳聲韻安定胡瑗得古鐘四參定尺度明年樂成還之御府迺俾工圖之因得其名以傳廣川董某書其後曰考鐘之制於古有稽其度量或不能合者又往往其器皆出三代有

識可證蓋書之亡失不能備盡則器之幸存猶有明訓是不可按圖而畫也今考其制在上無枚其擊無隧銑甬雖備而祛鼓不辨有舞外承有衡上剡無旋蟲繞獸以飾其外此其異於經也夫金尚羽其器有六以樂論者皆鍾也故曰中者為宮其大為鎛圜如碓頭大上小下曰錞如鍾為鐃如鈴為鐸此古人所用以味樂者也今其制則然矣此殆周人所謂錞於者耶故曰以金錞味鼓於竇謂去地一尺灌之以水又以其器盛水於下

以芒當心跪注以手震芒其聲如雷當寶之世其器與灋猶世習之不廢故得備列於此宜其考擊不受而無攠隧也漢什邡縣段祖得鍾高三尺二寸六分圍三尺四寸圍如筩史臣不能盡考故書如此不知其器可考亦異此說矣方後周時本玉斗以宋度則蔡邕古龠合校晉前尺大一寸八釐其灋與今黍尺適等則徑至八寸有奇者以徑一圍三校之當三尺四寸矣此或周節樂之器也

景鐘銘

御府藏大鐘不知其出何時銘曰景鐘景祐中諸儒議樂出自上方參考度量初得其器圍之其高三尺二寸徑一尺二寸其下刻識皆滅没不可辨或曰此古景鐘也有功則銘其上古人貴於書名金石謂此也後世鑄金之功既廢世或不能知其制矣管子曰黄帝作五鐘以正五聲所以分五行也而有景鐘則景鐘自是寳器若夫晉人之銘魏顆自為晉景公鐘不知其制與古同

異許慎辨鍾為酒器而鍾為樂器今考景鍾味鍾其銘皆作鍾不從童也惟寶味鍾作鍾是知古人於此不一其書矣當漢世書文已譌而鍾禺或藏厚地埛窌間未出慎不得見之故論書如此

銅敦銘

楊氏圖古器有銅敦銘曰宰辟父右周立王冊命周周頓首奉揚王休命用作文考寶敦其制與周姜敦異葢圜不作竈形亦無刻飾著耳附腹不與簠簋形同亦不

為蟲獸狀而拚至上飾畫靁火今既受命於王為文考
廟器此必考於制度不敢遺舊章也其制如此者疑禮
文楲鈌不能盡考傳禮曰有虞氏之敦周士制得用之
又曰諸侯飾以象大夫刻以龜天子飾以玉而還象其
形則敦雖通於上下惟其刻飾異爾豈其為此圖者不
識當時蟲獸文而誤為草木之英華者邪周之世有太
宰内宰宰夫在禮在春秋皆書曰宰若宰周公宰孔父
宰文公宰皆官也譙周曰成王作辟宫其言王在於此

則既異於夷宮武宮矣蓋王之瀍宮也肆命王臣必親即辟宮則其禮重矣錫戈琱㦰華茀絲衣此命大夫賜非士得受之其制則與禮不合蓋享敦祭敦制度不同故上得以兼下其形制則亦已辨也

臨淄戟銘

或得戟於臨淄故城趙氏售之臨淄故全齊以兵威雄四方征戰不息其兵利器堅固宜有傳於後其銘曰闕書文猶為科斗形葢周之未衰也戟有鉤其曲甚利或

謂芀戟以衝陷入物洞胸貫腋以利相尚令其狀如鉤旁出而内向者此於用不亦廢哉豈為鐓者固如此耶余嘗讀字林鐓平底也簽矛亦銅也進戈者前其鐏進矛戟者前其鐓鋭底曰鐏平底曰鐓以其平底鐓地故謂鐓則鐓者戟之末與戟竝存也昔欒鍼秉榅木而覆或以戟鉤之斷肘而死王何以擊子之斷其右肩齊氏以戈擊公孟宗魯以背蔽之斷肱古者戈戟之屬為之勾兵酋戈之屬為刺兵簽戈有胡矛戟有句援句兵堅者

在後剌兵堅者在前則戟有堅其衆則句䦆者所用也

昔楚授師孑焉以伐隨故曰句孑凡戟而無刃秦晉之

間謂之孑或謂之鏔吳揚之間謂之戈東齊秦晉之間

其大者謂之曼胡其曲者謂之句孑曼胡今見古戟

有無刃而句者此其異也

延陵墓字

延陵季子墓字世傳仲尼書今入淳化官帖中其字如

書簡牘不類豐碑石柱上所刻也而書亦少異於籒文

疑當吳季子時書文宜盡從籀學不得所有異同又夫子未嘗至吳其書是非不可考也唐人於季子墓刻此十字張從申書其後而籀字極大不知一書而傳於世者大小不同此竟誰當其傳哉李陽冰書篆奄數百年人嘗謂初學嶧山碑後見仲尼書季札墓字便變化開合如虎如龍勁利豪爽風行雨集是陽冰所從得法不可謂非古也此當自有妙處今人不到陽冰地安能議其是非所極哉

佳城銘

葛洪雜記序夏侯嬰得佳城銘世無知者惟秦博士叔孫通能讀其文此科斗書也後世疑自孝惠時上推三千當在洪荒之世葢未有書契今其文乃與秦小篆相類嘗考其銘此殆有數存者如大同古銘其事亦可推也後人不知世紀惟史記為據史記年自黄帝至堯舜纔二百年以世紀推次中間相授幾數千年矣史特舉其至顯者失其序不能盡通然與佳城銘類故甄豐定

為六書一曰古文則魯壁書與此銘矣是時傳者不可謂無据昔臨淄得桐棺前牒外隱起為銘齊太公六世孫胡公惟三字是古文餘同漢隸乃知書文相變不能逃古但數窮即改自然相合葢惟中本有因變以出是夙智分也知釋氏海藏傳經千佛同說則知此矣

欽定四庫全書

廣川書跋卷四

宋 董逌 撰

秦公敦銘

商人堌中得敦銘曰秦公作敦其制簋也當秦之世敦制尚存可以考之按禮器有敦謂有虞氏之制也周制則士用之大夫以上則簠簋矣皆黍稷器也楊氏圖古敦與簋無辨異矣將周人所為不得盡用有虞氏之制

耶敦音頓漢人謂頓設也王府讀如對今轉為平聲非也先秦古器與此圖敦皆無蓋傳曰敦有首者尊者器飾也飾蓋象龜故經曰敦南首明象龜蟲獸之形則古者形制亦不一特尊者有飾故與簠類其無飾者則不以龜為蓋知為上士之器也

太公寶缶銘

謚書無太自周書定法後世雖有附入然不著此也昔齊有太公則謂先君太公望子久矣故假以自見然則

太上為古非考行而傳也後世雖不以此考謚如田和輩皆取以自號於世秦自夷公後太公斷之其子代立是為惠公夫惟子代其位故以太上自稱秦齊皆有太公秦紀失傳其故世不考之其以謚為太公惟秦則然矣其曰太公寶缶則秦之廟器也楊南仲以其書為缶呂氏圖為古古非器名則其說不可据也今考於小篆則為缶者類矣雖秦篆故有與古文類者其不相類則亦衆也豈可盡据以求合耶傳曰盎謂之缶鄭康成許

愼服虔皆以缶為瓦又曰汲器又謂缶無以五金名者今考弡伯作匜銘殆與此類故知其為簠也古之為簠者本或作匿亦或作医則匿字為医書畫類也然自古者缶簠同文特後世不知考故識者疑也

秦和鍾銘

秦公曰丕顯朕皇祖受天命奄有下國十有二公不隊上帝嚴嚴龔夤天命保大業故秦虩事或釋作使緣夏曰余雖小子穆穆師秉明德獻敷明形虔敬朕祀以

受多福綏和萬民虒同虒夙夕剌剌趣趣説文曰趣田易居也羽元反以文或作桓萬生是敕咸畜百辟肖士趨趨善緣木走之才讀若王子蹻文武鎮靜不廷優彼音避燮古文燮从言籒文燮从羊羊音飪讀若濕秦文作燮从辛百邦於秦執事匭古文簋咊鍾故曰替柯𪗋鉶枝柯也古文與格同邦其音粃粃雝雝孔煌文作其音光光雝雝孔煌以昭零説文音洛謂零落也楚詞曰水涷於零澤音鶴鐸顏之推以零音賜今此字當作格古文字異也孝享以受毛魯古文作旅多釐眉壽無疆畯惠在位高引有慶匍櫬南仲匍作溥借讀今以文考定當為撫百四方永寶用宜

秦咊鍾皇祐元年春自内府降出俾考正樂律官臣圖其狀以黍尺度之口徑衡尺有五寸縮尺有三寸九分深二尺二寸六分項徑衡尺有二寸縮尺有一寸柄高八寸銘曰秦公奄有下國考秦之先蓋秦嬴受地西垂為國附庸至秦仲始大逮襄公賜岐西地名在諸侯其世數可考而知也今曰丕顯皇祖十有二公則秦公不自列於世矣史自襄公後十二公為景公自非子始邑則十二公後當為成公自秦仲十二公則為桓公秦至

成公世號為強大其稱受命葢追本所始而諸侯有國則推大前世率以公爵自劉周自后稷十五王又諸先王不窋音朮非王而後世以王號推之則秦嬴稱公可以知矣嗚呼味鐘之作吾知其在成公世矣楊南仲乃謂襄公十二世為桓公非子之後十二世為宣公非也昔甞考鐘律於前之世鐘其大曰鏞小曰棧中曰剽編於虡者鐘師掌之其大曰鎛此皆用於樂而可以度數考也聖人制律以定樂則鐘之大數以律為度黃鐘之律

長九寸以律計身倍半為鍾是其數得於尺有咫矣其半損之得四寸半合為二尺二寸有半以為鍾餘律如是其以律為廣長圜徑也鍾間方六鼓間亦六舞間容四上下十六以十為率不盡於世此黄鍾之制也欽大十者其長十六合自尺五寸準之當得二尺四寸而秦鍾其深當二尺二寸六分其頂當寸四分自外度其高則合於二尺四寸自内度其深則得於二尺二寸半而合於周之黄鍾律矣古人尺度雖不可一至律始一龠

則皆周尺也漢制鍾律自昔考信而景祐樂尺所從來者以黍得也若夫以玉尺論周以鐵尺論齊以水尺論隋其長率一尺八釐或至二寸三分皆不足用以和樂無怪其不能定律也夫以秦之辟在西裔禮文樂制無傳諸夏考於鍾律之度則該本於律而深於法數其於昭著勲庸告事宗祧明示德意皆深欵重識葢將以燮調萬邦使工人告和以謂作器而民樂之矣則銘其鍾曰味豈亦列在三庭而盡備樂物以待鍾求和衆樂者

耶若吳楚勾越辟陋在夷不知紀法鎡鍾鎮鳴光華采飾著象眞一作異物變前之大章至有九龍百獸其大千石其重萬鈞不得用於樂者非鍾也將以昌廣一作庾顯大肆爲觀美以夸震一世者後人增異侈誕相從故延賓之重至二千八百鈞嘉德之量至受千斛太極之廣至二十二圍豈曰大不出鈞重不過石哉周至景王嘗作無射大林史不著斤鈞觀其政害財匱以逞其昭大矣功庸棄絶使著事者不得述焉是不若秦人著灋庸

器而本於法制則銘畯功以示後世秦有得也

詛楚文

又（通作有）秦嗣王敢（籀文敢字）用吉玉宣（古宣字通作瑄）璧使其宗祝邵鼛布忠（一作愍）告于不顯大沈久（讀作故）湫（巫咸本作不顯大神巫咸亞駝本作不顯大神亞駝）吕（古以字）厎（底）楚王熊相之多辠昔我先君穆（穆）公及楚成王是（讀作寔）繆（讀作戮）力同心兩邦岩（古若字）壹（古壹字）絆吕婚（婚）姻（姻）袗吕齊盟曰枼（葉）萬子孫毋相為不利親（古文親字）卬（仰）大沈久湫而質焉

今楚王熊相康讀作庸回無道道淫失讀作佚甚讀作耽亂宣奓古侈字競從縱變輸讀作渝盟刺内之則籀文則字虣音薄報反虐不姑丞咸竝駝竝作辜刑戮孕敫婦幽刺款臧古戚字拘圉其叔父寘者者作諸冥室櫝棺之中外之則冒改久心不畏皇天上帝及大沈久湫之光列烈威神而兼倍倍十八世之誼盟率者諸侯之兵吕臨加我欲剗伐我社稷伐威音許劣反我百姓姓求蔑灋古法字皇天上帝及大沈久湫之卹祠圭玉羲犧牲逑一作逮取吾我

邊城新郢及於長敘俉不敢曰可今又悉興其衆張矜怌音府巫咸本作蕙德文億字怒飾甲底兵奮士盛師吕偪俉邊竟讀作境將欲復其䝤貺蹟唯是秦邦之羸衆敝賦輻讀作鄉輸音俞棧輿禮使介老將去聲之吕自救也巫咸本作殹古也字亦應㝵古受字皇天上帝及大沈久湫之幾靈德賜亨古克字劑巫咸本作秎古制字楚師且復略我邊城敢數楚王之俉盟犯詛箸著者諸石章吕盟大神之威神

湫淵

大沈故湫地志以為在安定朝那秦幷天下祠官所常奉大沈河沔江是為四川牲用牛犢具圭幣其神為中嗣秦故就賓雖用祝告然其制猶本堯舜舊典女几少牢具嬰毛一吉玉熊山其祠羞酒太牢具嬰毛五璧糈山少牢嬰毛一璧騩山太牢具巫祝舞嬰毛一璧今用吉玉宣璧而不言數有祝去巫其體已異當秦漢間湫淵之靈或喧呼輒興雲仁熹中宜居湫水移於始平故嬰冊有靈應而朝那無聞爾雅璧大六寸謂之宣肉倍好謂之璧今曰吉玉宣璧蓋

取吉玉為宣璧也

巫咸

巫咸河在女丑北其神威靈震耀得在祀典世圖其像右手摻青蛇左手摻赤蛇在保登山羣巫所以上下故安邑有巫咸祠其地袤五十二里廣七里周百十六里詛在石章所以沈於此而吉也石麤可礪當時不擇美石以傳豈詛於神者有取於此將圖其可久而存哉抑不得而防也

亞駝

王存乂以亞為烏今考鍾鼎銘惡或為亞古人於書葢假借從聲其書自當如此周禮曰其川虖池古文駝作駞字池故沱也詩曰江有沱其字本沲後世不知書學故以沱為沲以駝為沱此宜讀惡池為亞駝不足怪也烏池在周為漚夷水起北地東入河一名滹水九澤一也顧野王考其地在靈邱竹書紀年穆公十一年取靈邱則秦誓於此所以夸大其功而求定於晉也黃伯思

學士以烏駝為在烏氏按烏氏在安定郡烏水所出觀

秦方得晉地恐不盡質于安定一郡故知在靈邱為是

書詛楚文後

秦自文世有三石初得大沈湫文於郝又得巫咸文於

渭最後得亞駝文於洛其詞盡同惟所用以質於神者

則隨其號以異書盡奇古間存鍾鼎遺制亦或雜有秦

文蓋書畫始變者也歲久漸以刓缺因据舊本得其完

書此秦人厎誓於神叙國之信作盟詛之載詞者也大

沈故湫在朝那當漢安定郡方四十里巫咸祀在安邑巫咸山下臨鹽水巫馳則在晉為涶夷其傳自周秦為著祀則底而致信於禮則然其在盟詛於主甖誓大事在盟小事在詛若詛誓而求猒則惟後世末俗行之非古也秦楚之會著於書者不詳見不知其同盟者凡幾何歲而質於神者如是衆也當其時唯歧陽之盟最盛且顯餘不見於書今考其詞若出一時又不知其一日會盟安得親質秦都又遍朝那靈卭耶前世疑楚無熊

相而秦楚初未相構豈有相趣以十八世之盟誓哉然春秋時楚本熊穴後世以熊為號又以其傳自熊霜又謂熊相其間如熊相禖熊相宜僚熊相祈而姓書熊相為芉姓方其盟質於神楚亦再世失秦則詛盟宜非一人古者列國有書類不主名其告於神亦惟曰嗣王則楚以其姓此其稱也然自成王後其見於經者葢平王以無忌取秦女昭王亡而秦使子蒲子尾赴難其在威懷間始合盟然則謂十八世者亦可得而見也今曰昔我

穆公及楚成王親質大沈故湫夫以其時考之楚成王十三年而秦穆公立其與假尊周者葢二十三年雖不知其在何時親質然知其會盟之日最為長且久也然質於惡池安邑湫淵果知非一時其為詛且宗祝分致以告於神矣且楚自成王十八世為莊襄其頃襄時楚猶盛故秦以連衡為雄楚以約從為霸當此時天下諸侯不歸秦則歸楚楚使諸矦析符求合亦可謂威強盛大宜秦人之畏也張儀以地詐楚則齊與楚合今視其詞

則有新鄭及郟是則商於也其後秦俘屈匄楚悉國兵復與秦戰則所謂刬伐我社稷伐滅我百姓而秦猶分漢中以和楚然則背犯盟而詛於神者其為秦惠文時也懷王死頃襄王立當時猶以天下之勢在楚故謂楚之故地漢中林鄜可得而復山東河内可得而一勞民休衆南面稱王矣於是襄王復與諸侯約從則所謂率諸侯之兵以臨加我然則秦之詛楚為頃襄也嗚呼武關之詐則沒而不書及郟長敖猶謂楚人倍犯盟詛一作誼

志其神而公怨之其自以為求信於神者妄也然文辭簡古猶有三代餘習非之罘琅邪可况後先比其為可傳也

秦權銘

秦權銘曰二十六年皇帝盡幷兼天下諸侯黔首大安立號為皇帝乃詔丞相狀綰法度量則不壹歉疑者皆壹明之此始皇帝詔也又曰元年制詔丞相斯去疾法度量盡始皇帝為之皆有刻詞焉今襲號而刻詞不稱

始皇帝其於久遠也如後嗣為之者不稱成功盛德刻此銘故刻左史無疑此二世詔也昔開皇二年長安得秦稱權旁有銅塗鐫字即此銘也家訓所傳則從𠔉而此從貝為異許慎說文兼有二字蓋籒書文異壹從壺吉聲也壹為專非數也其以權量專明之所以一度量於天下秦無道則甚矣其制法立器蓋不苟如此字尤奇古如三代𠔉彝舊文顔之推嘗被詔寫讀謂史記隗林當從權作狀書傳久遠或轉譌至此今

世得此銘者其器不一皆法制之物故得著焉

秦權銘

李元吉得秦權銘前詔與世所見盡同其後詔曰元年制詔丞相斯去疾法度量盡始皇帝為之皆有刻詞焉今襲號而不稱始皇帝其於久遠也如後嗣為之者不稱成功盛德刻此詔故刻左使毋疑則與世所見字異其後又曰平陽斤平陽為晉邑則所置隸守也按史記秦紀二世元年皇帝曰金石刻盡始皇帝所為也今襲

號而金石刻辭不稱始皇帝其於久遠也如後嗣為之者不稱成功盛德丞相臣斯去疾御史大夫臣德昧死言請具刻詔書刻石因明白矣此詔今見於金石不一其詞故自不同太史氏所記亦其一也按權一物具前後詔書皆刻金為之古者鐫刻金石有其灋漢後惟見刻石有存於今而刻金之工殆絕世不得傳然世亦有鈞同此而無刻字秦雖刓法立制其權量固同天下而刻銘疑內府所守其餘官府具得受之故能備前後詔

然今時所見猶有數器皆刻此詔當其時其在四方應官府所在得受以為制此詔在民間以此為數而準取其平未必盡有刻也

秦銘

京兆田氏世得銅錢一其制即始皇帝權銘又得方版纔三寸有奇校以漢度得五寸其刻銘則秦二世詔也往時文與可得此二物葢其一時所制而錢為前詔方為後詔兩代異器偶相合於此余考之即古規矩之器

也古者定法立制始於權平於衡衡連生規規為榘規榘自是器名故以寓方圜之法後世不知其灋徒守其名率至不知規榘所在此其為方圜者且得有法數度量可考於其間耶孟子曰規榘方圜之至也為規榘以得天下之方圜則不可無器以寄其灋使人就而正也韓子曰規有䃺荀子曰五寸之榘盡天下之方夫規之圜也其至於䃺則失其圜也此名法之所守也榘方也不失其方故能盡夫天下之方古之制器左旋見規右

折見榘規榘準繩四者皆器也故曰大匠與人規榘使知方圜之法至於棄規榘委繩墨而得方圖平直者吾弗知也

嶧山銘

陳伯脩示余嶧山銘字已殘缺其可識者歷歷耳視其氣質渾重全有三代遺象顧泰山則似異疑古人於書不一其形類也嶧山之石唐人已謂棗木刻畫不應今更有此然求其筆力所至非後人摹傳搨臨可得放象

故知摹本有至數百年者夏鄭公嘗得此本益可信也

嶧山今謂鄒其記曰始皇乘羊車以上其路猶存即鄒

文公所卜繹地酈道元曰始皇觀禮於魯登此山命李

斯大篆勒銘山嶺名曰晝門其文考史記多不合豈傳者

誤耶魏武帝使人排倒猶有求者不已秦則無道而篆

刻顧後世不及故世以為法取之不窮其後邨落供命

不給聚薪其下縱火焚之遂至刓缺然不應遂無存字

昔唐人嘗取舊文勒石故謂後世所摹皆新刻然碑碑

未絕故是好奇者猶得搨本余有之不逮比本完也

泰山篆

泰山篆秦丞相李斯書慶歷庚子歲宋莒公惜其殘剥摹石於東平郡凡四十七字江鄰幾治奉符患四方求者日至厭於供命則又刻其字於縣廨按其文秦二世詔也史記始皇帝上泰山立石封祠下禪梁父刻所立石詔書其叙巡狩以時不書封禪事立石書詔非緣封禪發之疑史記自誤二世元年東行郡縣竝海南至會

稍盡刻始皇立石石旁著大臣從者名如此則泰山刻石始皇帝所立始皇詔書刻其三面二世詔宜在其陰今石南面為二世詔書始皇帝刻詔書乃在北西東三面蓋石仆而後人起立植之以其一面稍完故立之南鄉此其故也河間劉跂嘗披抉剔去其翳蝕處得字九十有八班班可知以史記考之其詞可讀明年余至泰山就視其石高纔八九尺方面二尺餘以亂石培其下昔所建立蓋鑿石為穴下寢其中歲久摧仆則後人累

石固其趾以存至字則止此未可以久遠期也考其詞

窺音親輙音鄰遠黎民大義著明史作休明陲於後世史作

垂於後世皇帝躬聽史作躬聖男女體順史作理順且

刻詔書金石皆史誤以詞可得證然昭隔內外或謂為

融古字相借不然則格與隔不可無用也陲為邊陲若

垂後世則當作垂說文甚辨慎不應爾見泰山篆字疑

其字誤慎書雜以古字論撿押也曰施於後嗣石尤可

考葢為昆字昔衛宏嘗謂古一字有兩名者就注之御

史大夫則大夫也莒公亦曰夫中有大如千人書千千今考禮記檀弓曰夫夫是也則字蓋如此此李斯所得据也大人貫簪為夫則大夫同文義亦可知嗚呼三代書名至秦焚滅盡之後世不得知先王命書之意惟秦文是習此其禍天下後世其有窮耶後世無所考書名論辨字意則猶以是為据蓋亦敝也篆文於後世為工然況之三代此其為後人鄙倍之法以亂上古者君子則宜過而不問也昔漢儒謂秦廢先王書李斯欲以其

書傳後世以愚黔首然黔首卒叛秦而不可愚至於其書在者後世諸儒方其解詁以傳而三代書名幸有存者則隨棄不録然則秦之為患其足以愚後世者余於此知之矣非秦能愚人諸儒蓋自愚而不知也

金人銘

李次升示余金人銘曰皇帝二十六年初兼天下以為郡縣正法律同度量大人來見臨洮身長五丈足六尺謂得之卬中金人脇下余考之此秦金人銘也何以至

此昔秦以長狄十二見於臨洮長五丈餘以為祥鑄金人象之其重二十四萬斤坐阿房宮前當漢而徙之未央宮王莽嘗鐫其膺文則此銘知不得傳矣其後董卓以其九鑄錢而石虎以其三置鄴宮苻堅取之後置長安以其二為泉其一適至陜而堅亂民以其勞苦患之乃排陷河中戴延之曰翁仲所投故河流湧起然金狄亡矣為此書者其自秦權而成之寄於金人然字奇而古猶在銅鍐伯仲閒也

程邈篆書

李季忱示余程邈篆四簡簡十二字余考之自漢以後書篆書所不至也篆瀆發得竵匾應勢故筆力常有餘此書盡之或謂書家但言邈在雲陽獄初從簡便作書主於隸徒故號隸文當多事時用之適當遂公行之邈不更為篆文篆自史籀後李斯因之作為小篆由漢逮今不能改豈邈與斯當秦之世固嘗為此篆文不可考也張懷瓘曰古文謂孔子壁中書篆書史程邈作也隸

書程邈所獻也初未信此言逮得季忱所藏刻銘於是信之知唐世書多懷瓘自有据也

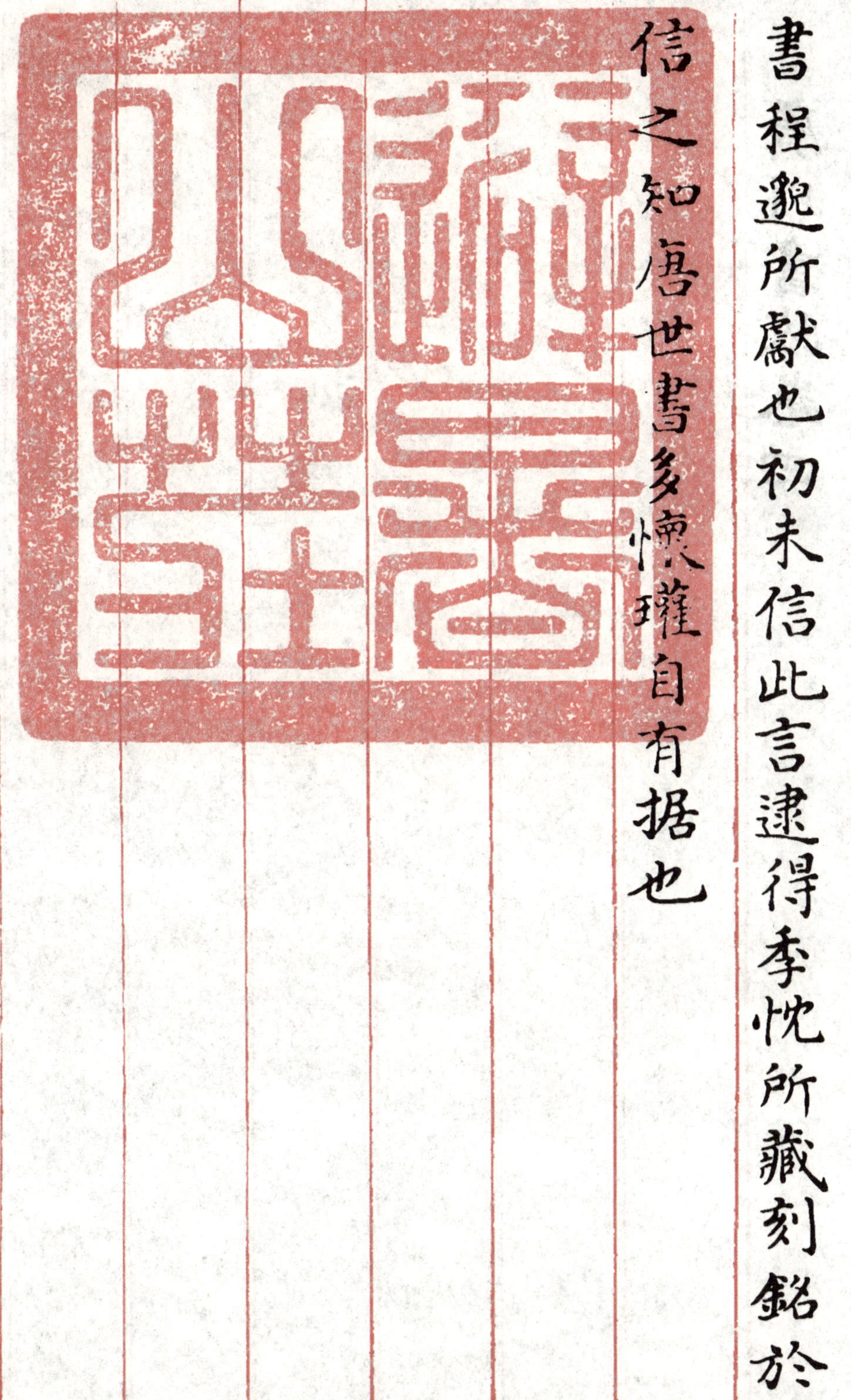

廣川書跋卷四

廣川書跋卷五

宋 董逌 撰

古鍑銘

田仲方得古銅器於白馬河岸說者傳以為龍栝疑陵寢中器也宣和五年余來關中與仲方會長安因示余龍栝考其制有首龍也其旁刻飾雜有花草蟲獸足分類危其識曰亞卷考之古字當讀為亞鍑蓋古文尚書

滄從岑鎗為倉古文從省如此漢制東宮給銅龍頭鎗則此器也其曰亞者鎗亦非一當有序而陳者昔人因火欲出銅鎗誤出熨斗乃曰鎗被燒失脚觀此便知鎗為有足器矣可以信也

谷口銅筩銘 大業三年三月改斗稱一依古法正用小斗小稱小尺以合於律呂度數

銅筩銘曰谷口銅筩甘露元年十月計掾章平左馮翊府容十斗重四十斤劉原父以校今權量容纔三斗重纔十四斤爾漢武以累黍定律至宣帝時權量寀矣考

之於古其斛名曰律嘉量方尺而圜其外庣（音挑）旁九釐
五豪冪百六十二寸其權銘曰律權石重四鈞同律度
量衡劉徽以魏量校之斛容九斗七升四合有奇則魏
斛大於漢制梁陳以古升五升為斗周則以五升當官
斗一升三合四勺矣一斗實重六斤十二兩公孫崇依
漢志脩稱尺與律權石等梁陳依之齊以古稱一斤八
兩為斤隋氏不用律制但以古三升制為一升古三斤
制為一斤傳曰魏齊斗稱於古二而為一周隋斗稱於

古三而為一傳本論以大人同儀主事各二人為隸古蓋當時筆畫可貴也方時嘗遣儁士張叔等十八人東詣博士受七經還以教授至武帝皆徵入為王官按叔名寛世稱之七車張任博士作春秋章句十五萬言今於題名可考知蜀學比齊魯自文翁倡之余每升其堂考其題名褱回歎仰未嘗不移日也

權銘

銘曰律權石重四鈞同律度量衡有新氏造按漢志三

十斤為鈞四鈞為石為斤一百二十故謂之權石五權之制以義立之以物鈞之其餘小大之差以輕重為宜圜而環令肉倍好者權與物鈞重萬一千五百二十銖當萬物數此元始定制也莽號新室權銘既著之矣方晉之末校尉王咊掘得圜石其銘如是當時以為瑞參軍續咸曰王莽時物也故以是傳之不知所存有幾而此銘葢一時所同制也

絫洗雙魚洗列錢洗

政和元年饒州得素洗二雙魚洗六列錢洗一其四銘曰永元元年其三曰元和二年元和漢章帝之八年所改永元蓋和帝即位之年也而洗飾以魚蓋古之制如此其用錢文自漢為之蓋以錢為泉其以類取也又有隱起篆富貴昌宜侯王字紀談以冨貴昌蜀昭烈鑄器之銘今紀年元和永元知漢之制也如此矣唐開元九年許昌唐祠得古銅尊隱起雙鯉篆書文曰宜子孫當時以為瑞應宣付史館考其器殆亦洗也唐世古器見

者尚少故皆不得其名但見有足以承則皆謂之尊觀顯慶中得洗銘作長宜子孫當時不知為洗則宜開元以為尊也

章帝書

要録謂章草本漢章帝書也今官帖有海鹹河淡其書為後世章草宗其取名如此以書考之非也此書本章奏所用以便急速惟君長告令用之臣下則不得建初中杜伯度善草見稱於時章帝詔使草書上奏然則章

奏用草寔自章帝時不可謂因章帝名書也元帝世史游作急就章解散隸體書之其後用於章奏爾蕭子良不知其初迺遞謂杜操始變字法謂之章草然伯度在史游後實二百年矣不可謂其書始於操也

窆石銘

元祐二年永城下得石如豐碑其上刻銘曰沛國臨濉時窆石室永建六年五月十五日大歲在未所遭作大吉利時窆石室條來歸我有之按永建漢順帝即位之

元其年為辛未則謂大歲在未是也傳曰窆器豐碑之屬然古之制公室視豐碑三家視桓楹而周制及窀以度為丘隧共枢之窆器葢豐碑謂斲大木為碑形如石而窆為横木葢豐碑之上所以下綍其器不得同者古者君封以衡大夫以緘衡則以木横之棺傍緘則直以綍繫之不得以横木其上也鄭衆曰窆謂葬下棺也讀如汜祭之汜左氏謂之傰檀弓謂之封昔人謂其聲同也葢周漢之聲與今自異其事可得考之於此嘗謂墓

之有銘在漢則杜鄴甄豐然樹之於外其後如繆襲輩刻官代納之壙中皆在永建後刻銘墓中不知何時而於所見者永城窆石最先他銘志得之知其所由來遠也

韓明府碑

漢韓明府脩孔子廟碑其文雖剝缺然可句讀得之明府名勑字叔節歐陽永叔嘗謂書傳無以勑命名者秦制天子之命為勑漢用秦法當時豈臣下敢以勑自名

者也考之字書勅字從朿謂誡也王者出命令以誡正天下者也按韓明府自名勑爾古者以勞賚為勑勑為賚音其文為倈別體當南齊時有劉勑為始興内史則古人名勑何世無之豈於此疑哉往時文嘉謨作縣樓架敕書於昌樂榜為敕書蜀中縣多勑者說文敕自音策謂馬箠也敕音奇謂木別生也嘉謨蓋勛之子勛有書名不知敕非勅字其子不能考古誤以為勅可不戒哉

樊常侍碑

漢常侍樊安碑安永壽四年二月卒其後勒碑序所歷官今碑在唐州湖陽安故湖陽人也桓帝永壽三年是為延熹之元實自四年六月以改則在二月故猶為永壽但立碑在後自宜以延熹為據也漢自延平故制壞矣中常侍黄門增舊三倍於永平又改璫黄金而貂右矣其勢傾天下觀東觀漢記書宦者盡叙其所承本系如孫程曹騰為唐叔振鐸後則史氏畏避不能直筆其

於序事可得据耶今碑叙自中黄門遷小黄門又自此遷常侍或疑其制葢漢中常侍千石小黄門六百石中黄門三百石中藏令六百石掌中幣帛金銀貨物其序自應如此蔡倫自小黄門遷常侍而中黄門非大功不得躐小黄門以進此可得而考也漢又有中宫謁者書内從僕射謁者主報中章宦者漢制主中文書則左右史也此皆不屬少府而自為一職其制已極宜其能亂天下而卒以亡漢也

孫叔敖碑

楚相孫叔敖碑漢延熹三年五月二十八日立固始縣令段君夢見因故祠架廟堂屋以存其後故列於斯又按叔敖相楚其事著於列子莊子左氏呂氏春秋賈子說苑等書太史公作史記不詳見而此碑當桓帝時能自叙列又多異聞疑當時自有書以傳可得據而成之

今考史記優孟為叔敖衣冠抵掌談語其歌曰山居耕田苦難以得食起而為吏身貪鄙者餘財不顧恥辱身

死家室富又恐受賕枉法為姦觸大辠身死而家滅貪吏安可為也念為廉吏奉法守職竟死不敢為非廉吏安可為也楚相孫叔敖持廉至死方今妻子窮困負薪而食不足為也於是莊王謝優孟召叔敖子封之寢丘至碑則曰叔敖病甚臨卒將無棺槨令其子曰優孟曾許千金貸吾孟楚之樂長與相君相善雖言千金實不貸也卒後數年莊王置酒以為樂優孟乃言孫君相楚之功即忼慨高歌曰貪吏而可為而不可為廉吏而可

為而不可為貪吏而不可為者當時有汚名而可為者子孫以家成廉吏而可為者當時有清名而不可為者子孫困窮衣褐而賣薪貪吏常苦富廉吏常苦貧獨不見楚相孫叔敖廉潔不受錢涕泣數行王心感動覺悟問孟孟具列對而求其子封於潘國下溼墝埆人所不貪遂封潘鄉潘鄉即固始碑史於文雖異其謂因困窮而後封者則同也昔叔敖曰楚人鬼而越人鑯可常有者惟寢丘至其後猶子孫守之似不因其窮困而受封

況寢丘自是叔敖所命於其子者子孫能守不廢又何至乞食優孟而後求封此地哉皆不可信也歐陽公嘗言非此碑不知叔敖名饒余求於書自漢安順後諸儒鄉壁虚造無所撿括竟為異説使學者奇偉所聞樂附從之如伏生為勝毛公為萇子賤為宓此皆西漢所不書也其應劭謂公羊為高穀梁為赤阮孝緒以穀梁為俶沈以仲叔名貢此不之知也至不知其時則又妄論之矣何休以公羊漢初人糜信以穀梁當秦孝公時而

西漢皆謂子夏門人如此者衆也不知何考之焉啖助曰西漢諸儒猶不能定其時代及名字後代妄為記錄此碑所謂叔敖名饒余於此則有疑焉

泰山都尉孔宙碑

漢泰山都尉孔宙碑延熹四年書其序舉孝廉歷元城令泰山都尉此其所居官也曰躬忠恕以及人兼禹湯之辠己昔人謂漢世近古猶簡質如此以禹湯用之泰山都尉亦自不類謂辠己尤不得施於此也且宙之善

不過當引過自居不以予人然使為臯已亦於書何取
漢世文物至東京衰陋已如此嘗怪三代文字之盛其
見於鍾鼎簡冊不入詩書尚多有之渾厚尊嚴如冠劒
大人黼黻以朝坐清廟而走羣后使人仰俛有愧後之
拘迫自囚如餓隷羈虜左右望畏而愁歎喑嗚之氣鄉
人悲咤又如宦豎宮妾寀諱忌之甚則俳諧如庸倡笑
侮求說一時故皆不得逞夫熊羊射虎氣已貫金石矣
其放失復沓則意已避石故不能中也文章以氣為主

君子養氣配道與義敀生威武不得移之故其言深純渾厚放乎江海之津者使人望洋鄉若不得其涯涘也彼其肯低首求售顧一切忌諱牽攣自拘遑遑然求合而不得也詩稱文王克昌厥後其在武王明發不寐其在書則曰無若商王受古人於文無忌如此其氣固已葢天下矣宜見者聳動吁可畏而歎也余讀屈原書以朕自況周秦六國閒凡人相與言皆自臣也秦漢以後禁忌稍嚴文氣日益凋喪然猶未若後世之纖悉周細

求人功皋於此也昔左氏書子皮即位叔向言罕樂得其國葉公作顧命楚漢之際為世本者用之潘岳奉其母稱萬壽以獻觴張永謂其父樞大行函道孫盛謂父登遐蕭惠開對劉成甚如慈旨竟陵語顧憲之曰非君無以開此德音鮑照於始興王則謂不足宣贊聖旨晉武詔山濤曰若居諒闇情在難奪夫顧命大行慈旨諒闇德音後世人臣不得用之其以朕自況與稱臣對容自漢已絕於此況後世多忌而得用耶顏之推曰古之

文宏才逸氣體度風格去今人實遠但綴緝疏朴未為密緻耳今世音律諧靡章句對偶避諱精詳賢於往昔之推當北齊時已避忌如此其謂綴緝疏朴此正古人奇處方且以避諱精詳為工音律對偶為麗不知文章至此衰敝已劇尚將倀倀求名人之遺蹟耶吾知溺於世俗之好者此皆沈約徒隷之習也

西岳華山碑

西岳華山碑後漢延熹四年弘農太守孫璆建書曰五

帝巡狩五岳立宮其下曰集靈殿曰集仙昔歐陽公謂集靈宮惟見於此天下之事其不可知衆矣然人各以所見自限不可以此斷天下事也文籍所傳其隱細不大顯於世凡幾何書其顯而在人耳目者雖衆又未必盡得而知則其存與否吾安得而盡之故於書傳所疑每則慎之不敢決然以謂此也漢武集靈宮見於太華漢志既書之矣桓譚嘗賦之酈道元曰敷水北逕集靈宮其事甚備永叔惜不得見也張昶序曰岱山石立中

宗繼統大華授璧秦胡絶緒白魚入舟姬武建業寶珪出水子朝器位布五方則處其西列三條則居其中世宗又經集靈之宫於其下想松喬之疇然則集靈亦其盛哉三輔黄圖書其制度類聚亦書其名劉勰益嘗言矣予因得考之信

郙閣頌

漢郙閣當析里橋建寧五年李君諱會字伯都析里大橋於今乃造其言斯溪既然郙閣尤甚臨深長淵三百

餘丈接木相連號為萬柱碑今所見如此考其地當闕而郙閣無存蹟昔歐陽文忠公嘗疑醳散闗之嘲濶從朝陽之平燥按㬎古文顯字漯川漢作濕讀謂川在阜濕書學至今同文古字濕作罶又作漯故漢人濕又作㬎然則漯當作濕燥古文作⿰火參蓋㬎與參同體其言醳則與易同卜用醳亦易也至謂遭遇隤納則以傾隤地壞自納於淵漢人文陋無足道然用字亦本古也

慶都碑

堯母冢在濮州靁澤縣有碑余得而考之蓋建寧五年廷尉臣仲定所建濟陰守冡晃元讓成陽令管遵君臺遣大掾輔助以成其說感赤龍而生堯則本春秋合成圖謂慶都生於斗維之野常在三河東南天大雷電則血流潤大石之中生慶都為黄雲覆蓋茂食不飢許慎嘗為之論曰堯親慶都蓋天帝之女寄伊長孺家年二十九無夫出觀於河有赤龍負圖而至曰赤龍受天之圖有人赤衣光面八采鬢鬚長赤命帝起城元寶及生

堯視如圖故眉有八采之色以帝王世紀考堯為帝嚳子則豈為無父漢人尚讖緯其論每若此彼以漢高祖為雷電感大澤以生則追叙堯事相配且為堯之後雖帝王之興必有禎祥不應怪詭至此劉焯嘗謂左氏稱在夏謂陶唐氏其處為劉氏非魯史本文廼漢儒欲其傳特為此語以漢出堯後獨堯左氏為有明文以此求重於世孔頴達特信其說觀此碑所録與許慎立論則焯之說有所推考之矣昔皇甫謐以穀城為陽城而碑

作成陽集古錄以碑爲正余按成陽本成伯國地記謂在濮州雷澤述征記曰成陽東南有堯冢則陽惟謚爲誤他書皆得證之延光四年書祠唐堯於成陽古未嘗亂也

蔡邕石經

經廢於世無所傳聞久矣當秦未滅詩書其學已失舊法世傳不可復求而得之況其在後世耶漢承秦亡雖起而盡収於溝渠兔爐間然缺殘湮淪無復全學諸儒

妄度聖人隨誤釋謬方將訓習章句不得其序其能得之道全以求聖人之意而不失哉至其不得於言則疑於經不得於經則疑於學師習各異黨學相伐至改滋夌周由等以就其學有不合者則私定桼書以應其誤獨蔡邕鐫刻七經著於石碑有所撿据隱括其失而周盡當時號洪都三字其異文者附見此於已殘之經得收其遺逸而僅存其可貴也纔三十年兵火繼遭碑亦損缺魏正始中又立一字石經相承以為七經正字後

魏武定四年移洛陽漢魏石經於鄴魏末齊神武自洛陽徙於鄴都河陽河岸崩遂沒於水其得至鄴者殆不得其半周大象中詔徙鄴城石經於洛時為軍人破毀至有竊載還鄴者船壞沒溺不勝其衆也其後得者盡破為橋基隋開皇六年自鄴京載入長安置於祕書內省議欲補緝立於國學會亂遂廢造之司用為柱礎貞觀初魏徵始收聚之十不一存其相承傳拓之本猶在祕府當時考驗至詳謂不盡為邕如馬日磾數輩相與

成之然漢隷簡古深於法度亦後世不及故兼存之趙緯曰唐造防秋館時穿地多得石經故洛中人士逮今有之考當時所得已是漢世所遺沒而得者國初開地唐御史府得石經十餘石此又唐末淪沒之所出也

石經尚書

秘書郎黄符以石經尚書示余為考而識之蔡邕以經籍去聖久遠文字多謬俗儒穿鑿疑誤後學熹平四年奏求正六經文字邕乃自書於碑大屋覆藏立太學門外

號鴻都石經屋覆四面欄障開門於南河南郡設吏卒視之昔朱越石與兄書曰石經文都闕碑高一丈許廣四尺駢羅相接太學在南明門外講堂長十丈廣三尺堂前石經四部本碑四十六枚元魏時西行尚書周易公羊傳十六碑存十二碑毀南行禮記十五碑崩壞東行論語三碑毀禮記但存諫議大夫馬日磾議郎蔡邕名當是時尚有碑十八蓋春秋尚書作篆隸科斗復有周易尚書公羊禮記四部陽衒之曰石經尚書公羊為

四部又謂春秋尚書二部書有二經當是古文已出衛之出北齊謂得四十八碑誤也洛陽昔得石經尚書段殘破不屬益盤庚洪範無逸多士多方緫二百三十六字其文與今尚書盡同間有異者纔十餘然則知古文尚書葢已見於此或曰魏亦作石經安知此為漢所書哉余謂魏一字漢為三字此其得相亂耶且曰天命自度碑作亮惠鮮鰥寡碑作惠於矜寡乃逸既誕作乃憲既延治民祇懼作以民肆高宗享國五十九年作百年以

書弦之知傳受譌誤不若碑之正也方漢立學官書惟有歐陽夏侯其書雖不全見今諸家所引與古文尚書全異不應今所存古文反盡同也疑邕旣立二書則或當以古文自存矣王肅解書悉是孔傳便知魏去漢世未遠肅得其文不然不應又盡同也晉內史梅賾闕舜典而當時猶疑知古經已廢於漢魏不爾肅得自私使世疑耶余知至晉其書已絕今考杜預釋左傳以古文爲逸書又知歐陽夏矦所傳殆異於古文其知者於此

乎考之

石經論語

石經今廢不存或自河南御史臺發地得之葢論語第一篇并第十四篇為一碑亡其半矣其可識者字二百七十又自第十八篇至第二十篇為一碑破缺殘餘得五之一其存字為三百五十七以今文論語校之其異者若抑與之與為意與之我未見好仁者惡不仁者作未見好仁惡不仁朝聞道夕死可矣作可也有三年之

喪於其父母無乎字惡居下流而無流字年四十而見惡焉無焉字鳳兮鳳兮作何德之衰往者不可諫也來者猶可追也今本皆異執輿者為誰而作執車者為誰子是魯孔丘與曰是然後曰是知津矣比今書多二字耰而不輟作輟夫子憮然植其杖作置其斯而已矣作其斯以乎子游作子斿而在蕭牆之内作而在於蕭牆之内凡碑所存挍其異者已十五之一矣使鴻都舊書盡存則其異可知也夫以邕之所定雖未盡善然漢儒

學專其挍定衆家得正譌誤多矣此猶是千歲舊書比今兵火之餘師學已久廢其庸得論當耶

朱龜碑

余得朱龜碑廼考次其文曰龜字伯靈察孝廉除郎中尚書侍郎以將事去官於時益州夷侵冦以君為御史中丞討伐鮮卑侵犯障塞復舉君拜幽州刺史吴玆曰序集古謂龜事蹟不見史傳其僅見此碑者如此余曰文中偶未考耳龜事見漢書甚詳華陽國志曰靈帝熹

平中蠻夷復反益州太守雝陟遣御史中丞朱𪓰將并凉勁兵討之不克朝議不能征欲依朱崖故事棄之大尉掾巴郡李顒益州太守與刺史龐芝伐之徵𪓰還顒將巴陵郡版楯軍討之皆破後漢書記熹平五年諸夷反叛執太守雝陟遣御史中丞討之不能克朝議欲棄之太守尉掾李顒建策討伐乃拜顒益州太守擊破之還得雝陟今以碑為据則漢書謂夷執雝陟朝廷遣𪓰何顒擊叛蠻始得雝陟則𪓰皆非其功故碑自略之其

可考也昔常璩書蜀事最詳范氏脩漢書多依用之至
謂益州太守雖隂遣御史中丞朱龜則誤矣漢御史中
丞在殿中察舉非法其出繡衣持斧墨綬以下得擅誅
則太守非遣况龜為御史中丞非朝廷遣之豈更有他
任而居外者耶其將并涼勁兵又益州得專而用哉或
曰别本國志有蠻夷復反雖沒故益州太守遣御史中
丞朱龜討之余曰如此則里學小兒語也雖沒故益州
太守且何詞也哉而曰遣御史中丞者便為朝廷三府

豈不益陋耶

小黄門譙敏碑

此碑漢靈帝中平四年立小黄門在漢秩六百石永叔疑其刻碑已盛余考其時孫程以侍御史持節監護喪事乘輿幸北部尉贈望車騎單超賜東園祕器棺中玉具發五營騎士將作起冢營㕓覽豫作壽冢石棺雙闕高廡百尺其制如此則敏為大碑深鑿屬文見之何足稱異哉其書曰守静韜光以遠悔吝敏之能與不能未

可以此得之然當時以此銘之豈亦慎時之失不得顯言亦於此稍見其有貴於斯者耶方其時如呂强忠直且不免死既死收捕宗親知當時蓋亦有人矣為忠直而受禍其得盡行其志哉余讀其書而傷焉不自意當靈帝世而沈沒宦豎中能自拔起於汙濁此其可貴也同時有北海趙祐以博學稱甘陵吴伉善風角託病不與事濟陰於肅下邳徐衍南陽郭耽稱為清忠不爭威權又有李廵與諸儒五經文於石此其尤異者然其可

謂宦者遂無其人耶若敏於是余知其上不得如巡强輩以取名自顯然下亦不若忠讓之徒剝喪王室其不得書於史宜也

周公禮殿記

此記在成都學舍顏有意撰昔廬江文翁治蜀初立學成都作講堂石室開二堂左温故右時習復作周公禮殿畫孔子像葢古者以周公為先聖以孔子為先師故學必祀周公以孔子配之自開元後制度廢棄惟此存

不可以考也其後遇災太守陳留高朕（隸釋作眹）脩二石室更於夷里橋今學石室一為高朕朕自有功學者故其室至今與文翁俱傳在漢為蜀守以勸學為本二人之存爾可以不廢也昔人嘗疑朕非制名可稱於臣下者自秦漢天子所為稱豈復可存耶流俗謂為高勝至宋璋洗視知為高朕范蜀公嘗為人道之甚詳余嘗至其處求字畫得之實為朕字知在漢猶未有嫌不必曲辨朕為勝也蜀書有高勝為郪縣人昔人疑其為守非也

魏文帝時夏侯霸為右將軍霸父𣝣嘗仕於漢可信也

四皓神坐

神坐西漢所書鑿石為位以為祭也一曰園公神坐二曰綺里季神坐三曰夏黄公神坐四曰甪里先生神坐重畫深鑿其書甚完知漢人去秦不遠其相傳必不誤昔王元之在汝水以詩寄畢文簡曰未必顥如樗里子定應頭似夏黄公文簡謂綺里季夏當為一人黄公其別一人也元之撿諸書得陶淵明洎唐詩人皆言黄綺

如李白輩亦如此即改去此詩然世亦竟傳自是人皆以文簡為据余得四皓神坐知元之非誤但昔人論四皓或言園綺或曰綺夏不必盡舉首字取之順則用之或㸃明自讀作綺里季夏不可知也周㸃曰追綺李之蹟世説曰綺季東園公夏黄公甪里先生謂之四皓姓書有綺里先生李其字也則為夏黄公無可疑者風俗通楚鬻熊之後為圏考之陳畱志圏公自是秦博士周庚以常居圏中故謂圏公昔圏公撰陳畱風俗記蔡邕

集有圏典魏有圏文生皆其後也古者用與禄同文故樂書作絲鄭康公於禮用皆作禄陳畱志作用唐李涪嘗辨之

君子公昉碑

此碑巴郡漢中太守郭芝立石碑祠下書其事者余見其已異也昔公昉以藥塗屋柱歓牛馬六畜倏然與之俱逝神仙變怪不可以常理論之然雞犬皆仙昔淮南王安或為其說如此余見淮南以罪誅衆知其為說者

妄也公昉事雖增異矣然可以不信者於事則得為概見也昔葛稚川謂仙人可以盡求其言劉向所說列仙傳自删秦大夫倉書中出之洪又采其遺者中黄仙人石光康鳳子崔文劉元藥子長李文尹子張子和王柱董君異衛叔卿梁伯而謂李八百為唐公昉作傭客後八百僞病公昉為廢數千萬不以為損又作惡瘡公昉與其妻妾舐之其瘡盡愈以丹經授公昉公昉入雲臺山中合丹丹成仙去洪之傳如此不聞其與六畜俱逝

然碑立於漢而洪為書在後洪不取此知其謬也洪嘗論藥可歙牛馬鳥獸令其不死則如公昉事乎洪所欲得而不以言則知當無其傳彼果有傳人亦不以信也抑雖稚川好奇亦不謂其傳可信耶大抵世人喜道怪然理之所在可以考也

天祿辟邪字

鄧州南陽北有東漢太守汝南宗資墓墓列二獸其高八尺角而鱗兮鬣曳尾過壯大左曰天祿右曰辟邪皆

刻膊上字不盡為隸法葢篆之變也漢自光和後碑盡為隸至書其額或作篆亦時有焉大體皆為偃波埶而此石所書獨多篆法知漢隸之有如此者以篆尚存也

按書志桃拔一名符拔似鹿長尾一角為天祿兩角為辟邪無前角者為浮都祿又為鹿傳曰辟邪應瑞之獸也五色光煇長尾善知星變故其見於時著瑞應也封氏曰秦漢以來帝王陵前有騏驎辟邪象馬之屬人臣墓刻石虎羊以為儀衛其在唐有制然資以御史中丞

而墓刻辟邪益漢無此制也昔交趾獻獸麟首一角而肉鱗當時不能識其後沈括察其形謂是天祿然當時所獻無鱗甲五色但皮肉隱鱗不説長尾未得便為天祿也

太尉楊震碑并陰

漢既衰敝士俗流於容説俗儒不知名義所處震於此時拔然自振流俗間以直節峻行激發汙濁天下矯首鄉風知名節為重持祿保寵有顧死而不忍為者孔子

志士仁人無求生以害仁當震之發大難奮大義直指利害吾知震之死者非不幸也觀其門生故吏可謂衆矣而高舒楊倫輩方且率天下而禍仁義以抗言為直以犯難為義以殺身為仁至摩礪激訐以進斷者為得事君之道其觸機投穽以陷患害相趣而不顧卒成黨禍而漢以亡夫為名節者本以成身吾見其身之禍求以治國家而國家卒以亡矣蓋行仁義而不知其道者也

光禄劉曜碑

劉曜字季尼此碑可識者餘不完難句讀碑首書曰漢光禄勲東平監劉府君余按劉氏本范氏後自秦而反其故處者為劉氏則劉當為留說文畱從丣戸閞為卯卯為春門戸闔為酉酉為秋門則留自從丣丣為酉之省文故知留不從卯劉姓則不從刀也當漢季世緯書既出故言丣金刀者劉也學者不復考古妄意求之替許慎以劉為鐂其轉而為劉者以田易為刀也然姓書

周之大夫有食菜於劉者此畿内地也因地以爲氏則與漢姓異出但不知古文劉者其書與漢如何故凡漢姓自當爲鎦或以爲留南朝有留異或以爲出留侯非也特漢姓不失其本者如此

橋太尉碑

李元仲示余斷碑蓋從地得之笞爲礎也故其劖鑿不可盡見惟曰公諱玄其下已缺又曰濉陽人知其爲橋公祖碑也公祖故臣門人述其言行銘于三鼎勒于征

錢官籍弟次書之碑陰世或傳之此碑葢司徒崔列廷尉吴整刻列石者猶可於此書見之余謂玄在漢世無大事功惟疾惡破姦為務葢剛介一操之士當其時所薦達多在顯位故名猶傳又如魏武於其微時玄則識之故其後世名益顯也

廣川書跋卷五

欽定四庫全書

廣川書跋卷六

宋　董逌　撰

鍾繇賀表

昔人辨鍾元常書謂字細畫短而逸少學此書最勝處得於勢巧形密然則察眞僞者當求之於此其失於勁密者可遙知其僞也賀表畫疏體枝鋒露筋絶不復結字此決知非元常之為也永叔嘗辨此謂建安二十四

年九月關公未死不應先作此表論辨如此正謂不識書者校其實爾若年月不誤便當不復致辨耶辨書者於其書畫察之當無遺識矣

皇象隸字

皇象書吳大帝碑在江寧府書雖本漢隸然探奇振古有三代純樸氣自是絕藝非如東漢遺書循一矩律籍蹈綴襲竊而自私也自王志愔定錄古今書而象已在著錄中至庾肩吾以象品入上中其後李嗣真因之不

改不知當時所定果何據也羊欣稱象善草書世稱沈著痛快而張懷瓘惟稱象小篆入能品其他不見稱於人今官書有象章草帖故自精深奇崛前世獨不言象為隸字何也意謂既以書入品第則或不盡著其言又諸人或有兼數書著者此又不可知也余疑此碑近出書畫尚完故是前人未見當其評書時不得睥睨於其間也不然書隸至此而可遺其品目哉象尺書曰太子屏風在此已久而未得之又曰想必醉令作鱧魚梅羹

相待其自矜持如此

七賢帖

長安李丕緒得晉七賢帖世疑劉伶作靈李氏謂史容有誤然其字伯倫知為伶也書尤怪詭不類然昔經范文正公歐陽文忠公蔡文惠公諸人題識故後世不復議余昔於官書中見山濤阮籍嵇康書皆入作者閫域而不見劉伯倫書不知今所傳果何所從來而得其形製哉余見梁世自有劉伶善書畫當世號文學士豈此

書是耶唐初購書以金故人得偽造以進當時李懷琳好為偽迹亦用意至到或謂亂眞昔人謂急就章為王逸少書七賢帖假云薛道衡作序（缺三字）裝褙持以質錢其所用繭紙皆謝道士所為尤便臨書故懷琳所為書皆繭紙無薛道衡序此蓋後人所為得劉伶書因以附之故其說異不可法度約者此正衔玉而賈石也紹聖三年余過長安邵仲恭得此摹本誘余跋其後

別本七賢帖

嵇含云衆口異賈羣目改望陸景云衆口毁譽浮石沈木今此一書致略失而論者異詞欲來者不惑不可得也世人信耳而不信目故於書少有自斷於胷中者苟惟人言信之故凡造妄架偽者舉得進也前人評畫謂耳中有畫目中無畫余於評書亦云

司馬整碑

晉宣威將軍南鄉太守司馬整頌泰始四年己巳建書為隷古氣質渾厚與鴻都石經可一二校也碑言整安

平王孫義陽王之子仕魏拜郎中中郎議郎諫議大夫
騎都尉給事中治書侍御史咸熙二年出臨宛郡加宣
威將軍就郡拜庶子泰始三年十一月使者奉詔册命
為南中郎將統兹宛郡令考晉書整義陽王望之子初
奕為義陽世子奕卒整嗣封清泉侯追贈冠軍將軍自
郎中議郎史不盡書如宣威將軍中郎南郡守則見於
法書而史氏闕之碑自泰始四年建則侯於清泉皆自
宛郡後然頌曰出臨鄗郡自託於詞亦何陋也漢之衰

文物隨敝至晉不勝淺陋殆無前人一言一語雖政教汙隆文章與時高下然自是氣質卑薄至論述次第亦已失當此可怪也整在當時蓋公族一少年名爵未立頌至謂禀乾坤之純靈並聖賢而誕興其在南郡謂洪恩淪乎不測覆養包乎無外巍巍之功揚於側陋其受冊命慶雲隨之夫儗人必於其倫非其倫者人亦不得受之文字之壞至此可歎也

太公碑

太公廟碑今在衛州共縣晉太康十年立其文可識曰太公望者此縣人太康二年縣之西偏有盜發冢而得竹策之書書藏之年當秦坑儒之前八十六歲其周志曰文王夢天帝服元禳以立於令狐之津帝曰昌賜汝望文王再拜稽首太公於後再拜稽首文王夢之夜太公夢之亦然其後文王見太公而訊之曰而名為望乎答曰唯文王曰吾如有所見焉太公言其日且述其言臣以此得見也文王曰有之有之遂與歸以為卿士其

紀年曰康王六年齊太公卒蓋壽一百一十餘歲史記謂東海上人西伯與語大說曰自吾先君太公望子久矣故號之曰太公望又曰呂尚處世隱海濵西伯拘羑里散宜生閎夭素知而招呂尚言呂尚所以事周雖異然要之為文武師蓋不得其詳乃廣徴異說其謂東海上人則得於孟子其先君望子則得於墨子至拘羑里則戰國辯士之論也灼龜而得兆立以為師令緯書有之曾不知諸侯無太師而東海時避紂爾則得以為卿

士其說是也詩曰維師尚父則知為武王師也竹書最古當魏安釐王時國史也則所書宜可信其言服元襪而說文無此字惟曰漢令解衣耕謂之襄而衛宏字說與郭昭卿字指則有之知許慎所遺古文衆矣昭卿因宏以有記非得是碑豈知宏之為有據哉晉紀言咸寧五年盜發汲郡冢與此碑異知史誤也

月儀

世謂毋丘奥碑比蔡邕石經無相假借惜其書不見於

世觀晉人評書以索靖比王逸少而歐陽詢至卧碑下則筆墨妙絶不待見其書然後信也近世惟淳化官帖中有靖書其後購書四方得月儀十一章今入續帖中其筆畫勁密顧他人不能睥睨其間然與前帖中書亦異不知誰定之李嗣眞曰靖有月儀三章觀其趣尚大爲遒竦無愧珪璋特達猶夫聶政相如千載凜凜爲不亡今月儀不止三章或謂昔人離析然書無斷裂固自完善殆唐人臨寫近似故其書剞劂逕出法度外有可

貴者崇寧三年四月十七日書官帖後

告誓文

告誓文令入晉書傳中昔逸少為王懷祖檄也當時以不能堪摘細事遂脫憒自投朝廷以其誓苦故不强起以官夫廹之陋地不能自適其情其養固陋也開元中此書得於潤州瓦官講堂鴟尾其書一字為數體一體别成點畫不可一概求之如字有横顯異行法變草未嘗復出實天下奇作也李延業獻之岐王十二年復出

岐王宅被焚則宜世不得傳矣今碑字刻畫過於嚴重無復前法似是唐經手搨摹以傳陶宏景論書謂逸少自吳興前書猶未為稱凡厥存蹟皆是永和十許年中自失郡告靈不仕後略不復自書然告誓文已出當時知鴟尾得者別本也貞觀書目已列告誓文武平一嘗見於小函同樂毅論黄庭經共藏便知此本不一傳摹相承不能辨其眞贋也

蘭亭序

蘭亭序在唐貞觀中舊有二本其一入昭陵其一當神龍中太平公主借出搨摹遂亡其後温韜發諸陵蘭亭復出太宗朝留神書學嘗出使購求藝文諸書當時已無蘭亭矣仁祖復尚書篆求於四方時關中得蘭亭墨書入録字畫不逮逸少他書其後祕閣用此刻石為後法帖今諸處蘭亭本至有十數惟定州舊石為勝此書雖知皆唐人臨搨然亦自有佳致若㸃畫校量固有勝劣惟彷像得真為最佳也

成都蘭亭

寶月刻蘭亭序東坡居士為讚於後蓋子由得於中山舊石故令所摹獨傳二蜀中州人或未知也余觀世所傳蘭亭書雖衆其搨摹皆出一本行筆時有異處繫當時摹書工拙惟祕閣墨書稍異更無氣象可求知後人所為不足尚也貞觀中詔令湯普徹搨蘭亭賜梁公八人而普徹亦竊搨出外以傳其書衆播普徹自能書識逸少筆意故雖摹搨自到極處逮褚河南歐陽率更臨

蘭亭則自出家法不復隨點畫也蘭亭眞本世不復知普徹典刑猶有存者今所傳皆本於此中山者蓋其一也

黄庭經

世疑黄庭經非羲之書以傳考之知嘗書道德經不言寫黄庭也李白謂黄庭換鵞其説誤矣然羲之自寫黄庭授子敬不為道士書此陶貞白曰逸少有名之蹟不過數首黄庭為第一貞白論書最精不應誤謬今世所

傳石本筆畫反不逮逸少他書觀開元中陸元悌奉詔撿校言右軍眞行惟有黄庭告誓知非楷字矣天寶末又爲張通儒盜去莫知所在迺知舊書不傳今所見者特後世重搨疊摹不得其眞久矣蜀本黄庭筆墨麤工本皆非可貴第以其名存之

別本黄庭經

淇水吕先得黄庭經最爲異者見使評之余謂今世所傳黄庭經多唐臨黄庭之亡久後人安所取法以傳者

耶張懷瓘謂逸少佳蹟自永和後而黄庭經永和十二年書也字勢不聯翩而點畫多失雖摹搨相授有失其初若無勝槩可存縱傳授有據亦何取哉吕先得石書署其年永嘉支離其字尤不近古其永字等頗效王氏變法皆永嘉所有余是以知其非也

又黄庭經别本

夫求馬者必自其羣焉至授以騏驥之任則眞馬出矣唐得漢魏晉隋間書多至七百卷於是以黄庭爲第一

方在衆書時豈無所異而可一概哉顧世未嘗衡校而彈繩之則論有同異不足怪也至稽之法度而胎合案之體裁而結密索之神明而不竭者於是世知有驊騮矣此當時唐人得舊本摹入石者時見筆意與常見二本及今祕閣所存異甚知唐初選置能盡書矣

畫贊

畫贊世傳晉右將軍王羲之書考其筆墨蹊逕輒不類知後人為之託之逸少以傳也昔王濛子修嘗求書右

軍王羲之爲寫東方朔畫贊與之敬仁亡其母見平生所悉内棺中故知此書不傳久矣唐自貞觀購書逮開元搜訪亦既盡矣校定大王書二卷黄庭第一畫贊第二告誓第三韋挺以畫贊是僞蹟夫畫贊已亡而更出者可知其爲僞也今世所傳疑不在韋挺論中彼得存於貞觀而入錄當亦有可亂眞處今之傳者不能便入貞觀錄也

樂毅論

樂毅論世無全文高紳所藏石至海字止以史記校之四纔得其一爾今世所傳又其摹於此者蓋無取也觀梁武帝評書謂此論微麤健恐非真蹟陶宏景亦疑摹本梁去東晉六十年其書不存況今去梁後又數百歲中間馮承素已見六本今世所傳亦莫能辨先天中太平敗後咸陽老姬投書竈下是宏景所評已亡矣後世存者可求其真耶

全文樂毅論

智永師謂樂毅論正書第一自梁世摹出其後蕭銑之流莫不臨學然則此論不傳於世矣陳文帝嘗賜始興王雖號筆力鮮媚殆其臨搨之功勝也祕閣購書則其論全文陶宏景言樂毅論乃極勁利而非用意處故頗有壞字今所得異矣元符中詔摹於石以其書校之殆唐人所書不逮舊本然聖俞悉之謂最奇小字者是也昔王沂公善書嘗求得全文乃自石未破時摹尤為精勁余從其家得之非今祕閣石可比方也

別本樂毅論

舊傳樂毅論誤書兩字以雌黄點正以今所傳校於舊史異者蓋二十八字其文意自不相妨蓋書傳已久不能無誤昔時於秦玢兵部家得别本樂毅論文字完整筆力差劣然校今祕閣石本亦可上下相敵或疑王著之所書也

高紳樂毅論

李庠舊得樂毅論其本乃高紳所藏石過自矜持謂真

逸少書沈存中亦謂得前人說逸少諸書多是縑紙惟樂毅論書於石世以此為據余竊疑其不知何從得此說也昔梁武帝搜采逸少至盡而樂毅論已出當時無石本傳者大抵逸少每為人書多以前人賦論見於世傳之存者如黄庭畫贊洛神賦皆書於紙以授雖修禊序亦不令入石也唐得晉魏諸家字書故嘗評黄庭第一畫贊次之樂毅論又其次也武平一曰太宗於右軍書特留賞蘭亭樂毅論尤聞寶重别一小函貯之太平

公主私取樂毅論以歸及籍其藏咸陽嫗竊舉袖中投之竈下開元錄書但有黄庭畫賛告誓而樂毅論亡矣

貍骨帖

貍骨方今官帖中定為晉右將軍王羲之書唐人謂此本荀輿治勞之方右將軍臨之至今謂貍骨帖梁武帝嘗以古書雜蹟二卷問於陶隱居對以貍骨方是子敬書亦似摹蹟在梁已疑其偽今定為右將軍書果何據耶雖然右軍嘗寫此帖或子敬臨之亦不可知也

逸少十七帖

逸少自謂吾書比鍾繇當抗衡比張芝艸猶當鴈行後世論者或異其説至唐然後無異詞信謂其書定出鍾張右而來者不復有議庾肩吾以芝為工夫第一謂繇天然第一而逸少工夫不及張天然過之天然不及鍾工夫過之然嘗考之芝臨池學書池水盡墨繇卧畫穿被於工夫至盡不可謂後於逸少也今觀其書卓犖天成者蓋逸少所能其謂積學而至者恐不得筆力妙處

觀十七帖者當以是求之

逸少八帖

逸少於書自分今古至於行艸逮永和間極於功力矣故所書紫紙多是少年臨川時蹟至其中年競用麻紙蓋欲其行筆流便屈折如意蔡邕自矜能書非流紈體素不妄下筆故點畫無失書法入妙韋誕亦謂用張芝筆左伯紙任及墨兼此三具又得臣手然後可以建徑丈之勢方寸千言觀此益見古人於書蓋不敢易而為

之如此丹陽邵仲恭得逸少八帖經生所書也此當是唐人善書者為之然流暢晃朗勢若飛動得步武於王良猶舞交衢之態者也

答庾元規帖

逸少於書自謂眞出鍾草出張後生雷同失其當處敬元謂古肥進之謂今瘦書至瘦硬似是逸少迥絶古人處若更論勢巧形密意疎字緩皆不足者也世傳謂羲之書初不勝庾翼郄愔及其莫年方妙嘗以章草答庾

亮而翼遺書曰張伯英章草十紙過江顛狽遂乃亡失常歎妙蹟永絶忽見足下答家兄書煥若神明頓還舊觀羲之書法正自然功勝豈待積學而至哉議者不知書有天機自是性中一事而學習特求就法度規矩爾至於離方遁圓不守繩墨自作勝槩謂非天得不可也但見庾翼此語便謂初不若翼惜不知此語何所憑藉而知其昔不逮二子耶

硬黄

世有持逸少出師帖作硬黃紙漬以靈脾水久之色如茅屋漏汁紙色盡變以此為紫紙所書也林子中以兼金購之他日復有持虞伯施書蘭陵王闕　進本其紙文色理與出師帖一等又購而藏之未嘗致詰也一日持來京師客疑其偽子中不信也大抵世人貴古而不考實一承人之妄至於終身信之不悟蓋偽言先入則信言不得受也硬黃唐人本用以摹書唐又自有書經紙此雖相近實則不同惟硬厚者知非經紙也王右軍作

書惟用張永乂製紙謂紫光澤麗便於行筆令人不考其實得硬黄紙便謂古人遺墨曾不若畫像先論縑素而後定世之遠近常得大略也許袁民自杭得逸少十二帖皆靈脾漬也使余評之袁民竟不信

洛神賦

逸少此賦當以為第一今無復存者但子敬所書猶傳疑未可以伯仲間論也謝安石嘗疑子敬不逮父書後世或謂不復可辨且曰外人那得知豈書法雖一藝彼

亦自有至處恐非造其域者不能致論也此書摹傳失
據更無神明點畫存爾非子敬書法盡此

洛神賦別本

今世所傳洛神賦余見已四本矣雖王和甫家者號最
勝結字疎密得法然不若此書亦自與周子發家者稍
異子發謂子敬愛書洛神賦人間宜有數本似未見其
餘也昔馬澄評右軍書謂勸進洛神賦諸書十餘種皆
作令體知逸少嘗書此賦子敬當是習其家學爾然書

錄不記子敬洛神賦其傳之失實將後人摹搨不可知也字法端勁是書家所難偏旁自見不相映帶分有主客趣鄉整嚴非善書不能也大觀元年正月為安希古書

子敬雜帖

子敬書如河間年少自不拘束此當行草中也宋孝武學書或真行章草雜在一紙或重作數字或學前輩名人能書者而子敬詩賦贊論亦入此書大似未能得子

敬當處此可與論書法之至耶謝太傅善書不重子敬

每作好書必謂被賞太傅輒題後以答之嘗問子敬君

書何如右軍曰故當勝安曰物論殊不爾子敬曰世人

那得知此帖超軼陵突似欲出其家學宜諸人有逸氣

過父者之語也

子敬别帖

鼂无咎持宗子某所藏子敬三帖使余評之余謂子敬

自少刻意書學似恐墜其家聲中年自造書妙乃父子

名家不能涇渭世人故應異論也謝靈運直謂當勝右軍唐文皇謂如枯查餓隸不知當時何故立論如此人之好惡相異有至是耶子敬謂世人那得知似恐世有妄評者然非筆入三昧豈能於此下轉語莊子曰自大視細不明自細視大不盡令論中令父子者皆視大而不盡也

又子敬別帖

謝太傅悉逸少不取子敬人之好尚各以所見後世論

者便以此為據至過有詆訾豈真知子敬父子間耶且學本家法以意相授非入其閫域者定孰知之或為說曰天公問下方人何衣曰衣蠶（一作蟲）蠶若何曰喙頫頫類馬色邠邠類虎天公以為謾使下問還報乃信西方諸國聞漢人語蠶吐絲而衣亦以為欺也夫妄言者嘗託於無而人或以為有信言者每託於有而人或以為無人之誕信相欺何可勝辨耶後人觀子敬書知其立論者皆蠶說也必有得子敬意者然後可與辨此李庠

示余别帖竊有感焉天下之迷於是非多矣何可計哉

王中令帖

晉書評子敬書謂筆力遠不及父而有媚趣逸少作大字壁間子敬墁之而更為明日視之逸少不能辨也若此則父子間本無分處縱復有異豈應其論至此也當文皇評書便以子敬無屈伸放縱豈知法度盡處乃可言筆墨縣解是不知曾求於此也晉史修於唐臣皆貞觀時人其論宜如此

王敬和帖

燕石入笥卞和長號玉石亦自有辨但知者既少則昧者衆矣眞贋相眩則僞者常勝後有眞者不復察也余觀王敬和帖而傷之仁廟時購法書於四方洽之書落簡揮毫有郢匠成風之勢其帖已具寶章集今入祕門觀者不求眞僞謂眞晉人書也余嘗察其書此正唐所摹以畱御府者豈知世復有舊札遺紙存乎今觀李氏所收帖然後可以辨矣世反疑為臨家者是豈不使卞

和長號也

羊欣薄紹之帖

羊敬元書出子敬不忘本分薄敬叔書後學大令雖其纖圓骨力克成但乏神明爾然二者同出不能相遠豈書法果自有所至耶後世論欣書謂舉止羞澀謂紹之書功力不足皆失其實也當在南朝時買王得羊不失所望謂紹之駕友凌師豈偶然者耶張懷瓘謂薄紹之羊欣王僧虔康昕王右軍亦欲混其臭味是以二王帖

中多有偽蹟觀此帖其有所稽矣唐貞元中欣書得正行纔二十餘紙紹之行書四紙僅存不知此帖在唐録中為第幾紙今世藏書家類無二人書此其可祕也

鄧乂碑

鄧乂碑集古録謂考其事績則鄧艾碑也夫艾乂同音葢名乂而音為艾字後世音讀既誤遂相傳如此酈善長曰濮陽城南有魏使持節征西將軍太尉方城侯鄧乂廟廟尚有乂碑秦建元十二年廣武將軍兖州刺史

關内侯安定彭超立當後秦去魏晉不遠宜相傳可考至其後世音失其讀則并與其字而移矣然則書文之失其得一二而正邪

銅鼓銘

陳叔夏得銅鼓甚大其飾為蚩尤飛廉塗善金而光耀至今不滅其銘曰龍昇元年七月大匠漁按龍昇為夫夏年紀而鼓全似西南夷所作今祕閣猶有但其形製小劣無塗金為飾又其文為戲鼃水草與此異也崔鴻

十六國書莽連勃勃以銅為大鼓及飛廉翁仲銅駝龍虎以黃金飾之列於宮殿之前疑即此也

盧陵王銘

世傳宗資碑文謂古無是而豐碑本以下綷其說信也嘗考吳均齊春秋王儉謂石碑不出禮典起宋元嘉顏延之為王琳碑石又考杜叔廉書儀則謂碑石自魏司徒繆襲改墓刻石以識因以述其德行昔顏之推論碑銘皆不及此乃知不顯著於書者或不得盡考也嘗見

南朝得王戎墓銘凡數百言其首書晉司徒尚書令安豐元公之銘其後張率得威斗何承天以為必甄豐求其識得石具如承天說然其制已備於漢豈特魏晉間耶蔡邕銘論曰碑在宗廟兩階之間近代以來咸銘於碑余見邕之為靈表墓硬碑便知諸人論之不詳皆不足信於世廬陵王碑敘述惟謹微覺煩碎然書畫簡古為足貴也

定鼎碑

古圖經稱定鼎碑在懷州衙署其題曰御射之碑以其文有定鼎遷中之十載故自昔其名如此不知定鼎遷都在孝文世而偶以文見之然字畫有法獨異於當時人所書亦見虁一時文物所致而習俗荒陋漸革也魏書景明三年九月丁巳車駕幸鄴戊寅閲武於鄴南十月庚子帝親射遠及一里五十步羣臣勒銘於射所甲辰車駕還宫今碑所書年月與史相合然自戊寅逮庚子爲廿一日則自鄴至懷而還京師可以考次也不言

幸懷溫等處自是可略然既書親射勒銘不書其地乃繼文於上似御射當在鄴南然則此不當略也北海王詳高祖南伐自洛北巡詳常與侍中彭城王並在輿輦陪侍左右至高宗射之所高宗停駕詔諸弟及侍臣皆試射遠近唯詳箭不及高宗箭所十餘步高宗嘉之拊掌欣笑遂詔勒銘

瘞鶴銘

華陽真逸撰　上皇山樵闕一本有書字

鶴壽不知其紀也壬辰歲得於華闕一字當為亭甲午歲化於朱方天其未遂吾翔闕一字當為寥廓耶奚奪闕一字仙鶴之遽

也迺畏以元黄之幣藏乎茲山之下仙家無（闕四字）我竹（此字不完）故立石旌其事篆銘不朽詞曰

相此胎禽浮丘（闕二字）余欲無言爾（闕五字當有靁門二字）去鼓（闕一字當為字）表畱（闕二字當為形義）唯髣髴事亦微眞爾將何之解化（闕五字）入（此字不完又闕一字）惟寧後蕩洪流前固重扃右（此六字不完又闕八字）華亭爰集眞侶瘞爾（闕四字或但止於此未可知也）丹陽眞宰（此四字不知其次）

瘞鶴銘今存於焦山及寶墨亭者蓋盡於此凡文字

句語讀之可識及點畫之僅存者百三十餘言而所亡失幾五十字計其完書畫蓋九行行之全者率二十五字而首尾不預焉熙寜三年春予與汾陽郭逢原公㦸范陽張褘子偉索其逸遺於焦山之陰偶得十二字於亂石間裒畱惟寜十字完餘二字譌缺石甚迫隘偃臥其下然行可讀故昔人未之見而世不傳其後又有丹陽外仙江陰眞宰八字與華陽眞逸上皇山樵為侶似是眞侶之號今取其可考者次序

之如此其間闕文雖多如華亭㝡廓之類亦可以意讀也二月一日南陽張壆子厚記

瘞鶴銘

鶴壽不知其紀壬辰歲得於華亭甲午歲化於朱方天其未遂吾翔㝡廓也耶奚奪余仙鶴之遽也迺裹以元黄之幣藏之兹山之下故立石旌事篆銘不朽詞曰相此胎禽仙家之真山陰降蹟華表畱名真惟髣髴事亦微冥西竹法里宰耳歲辰鳴語解化浮丘去莘左取

曹國右割荆門後潏洪流前固重扃我欲無言爾也何明爰集眞侶瘞爾作銘宜直示之惟將進寧丹陽僊尉江陰眞宰立石

書瘞鶴銘後

瘞鶴銘在潤州焦山下初刻於崖石久而崩摧覆壓掩沒故不復得其全文余嘗怪唐人尚書學而此名字特奇偉宜世賞恣而卒不見傳於人自張懷瓘張愛賓徐浩論書備有古今字法亦不見録考其歲月雖不可得

然此山之摧裂圯垝莫知何時而是書壓覆其下知其刻已久但隱沒石間自昔或未知之然其刻畫亦幸至今尚完歐陽文忠公以舊記稱王羲之書為非又疑顧況自號華陽眞逸謂此書類顏太師況存中直謂顧況所書如何而碑書篆者上皇山樵也則謂況書不可也往時邵興宗考次其文闕四十二字而六字不完又有六字不知其次其後張壆自力求之摹而山間其闕字三十有五不完者七而又別得十二字與興宗不同昔

刁景純就金山經庋中得唐人於經後書瘞鶴文以校興宗子厚其字錯雜失序多矣宜直示之惟將進寧則不可究今並列序之來者可以考矣文忠集古録謂得六百字今以石校之為行凡十行為字廿五安得字至六百疑書之誤也余於崖上又得唐人詩詩在貞觀中已刻銘後則銘之刻非顧况時可知集古録豈又并詩繫之耶

書黄學士瘞鶴銘後

黄伯思學士以瘞鶴銘示余世謂晉右軍將軍王逸少書歐陽公疑華陽居士唐顧況道號然逸少道翁其書可見不與此類嘗考次其年羲之生晉惠帝大安二年癸亥歲至穆帝升平五年辛酉歲卒當五十九年而成帝咸和九年太歲在甲午逸少當三十二歲逮四十八年辛亥始去會稽其時未嘗至朱方華陽又非其郡邑所望不得以此為稱顧況卒於貞元末當元和七年為壬辰九年為甲午良不及也上推壬辰歲為天寶十一

載況當兒稱其號華陽乎蓋自貞元以後皆不合於此
昔陶宏景嘗以其居華陽觀故自號華陽隱居貞白平
時著書不稱建元直以甲子紀其歲令曰壬辰歲得之
山陰甲午歲葬於朱方壬辰當天監十一年甲午則其
十三年也隱居以天監七年遊海岳住會稽來永嘉至
十年還茅山十二年弟子周子良仙去貞白作傳即十
一年在華陽此其可知也或曰茅山碑前一行貞白自
書與令銘甚異則不得為陶隱居所書然華陽眞逸特

其撰銘若其書者上皇山樵也四人各以其號自別固不得識其姓名疑皆隱君子也然其書在江巖石壁摹榻最難又石摧壓其上人不得至風雨雪霜不及故字畫至今尚完或疑梁以書傳逮六百年不應如新刻於石余求銘後王瓚書蓋自貞觀至今亦無譌缺貞觀去梁未久可考而知也

蕭子雲别帖

今世所傳蕭子雲書或見之碑轉相拓搨刻深畫重去

眞逺矣雖況以春蚓秋蛇人不謂過也麗正所藏蓋自唐貞觀入録後散亡民間張河東初購得之五代入江南李氏江南平始還内府今視其書與世間所聞異矣勁特挺拔更無後世俗態筆蹟健瘦縈絲索鐵屈折盡妙不露筋絡求於纖瘦濃淡未嘗有遺恨也昔傳子雲作筆而心用胎髮故得纖細不失或疑非兎翰不足稱勁是不然豐狐之柱路扈嘗用之但不知胎毛非壯髮不知可用以作筆此余未之考也

烏丸僧修志

李調示余烏丸僧修石志曰僧修大原祁人周王之子因以建族父神念仕魏以讒歸梁封南城壯侯又曰僧修仕文德主師雝府臨邊為岳陽王中兵參軍府王稱帝進開府持節荆州刺史義成郡公及執贄來朝奉璋謁帝天子以公世仕魏朝戮力梁國有命加禮異賜以强族授使持節驃騎大將軍出牧温部方欲馳劒騎於稽秦耀樓船於淮泗天不予年此其所終始余考之烏

丸本北部大姓神元世氏改爲桓附入族官大統十五年文帝賓炬雖詔天和改姓者復舊然桓氏非神元所命知未嘗復也按梁書王神念太原祁人據頼川歸梁魏軍至與家屬渡江封南城縣侯其後諡曰壯神念死子僧辨以兵興梁肸荆州然則烏丸在梁爲王氏而壯侯盖神念諡也今考梁書南史太清記周書皆不録僧修事其在神念僧辨傳中亦不稱僧修史家之闕此如其爲壯侯則又誤矣梁元帝封湘東王太清元年持節

荆雖九州然志謂雖府即世祖也諸書亦不録世祖爲岳陽王至江陵陷而僧修入周其曰奉璋謁帝則周武也僧修賜氏烏丸葢非魏舊姓今姓皆不著烏丸別姓然誤謬相襲其可勝考耶或曰周天和六年其後爲建德今志乃書七年三月堋於武鄉何也余以長歷推之天和七年太歲直辛卯其三月癸卯朔則丙午者四日也其月丙辰改元建德葢十四日矣葬之十日改元志與史不差可得據也

智永千字

智永書梁所搨集千字至八百本江淮諸寺各畱其一至唐而見於時者雖衆然眞偽並出藏書者已病其難得也觀右軍書託永和世謂黙符聖典有鄉背之宜而智永取名謂潛印元蹤盡其家法故側勒努趯策掠啄磔雖盡其法度而縱擒緩急自出法度外若泰豆之御進復履繩旋曲中規取道致遠氣力有餘此豈可求於書儈畫販而論眞偽耶千字其初本得右軍遺書梁武

世嘗令殷鐵石搨一千字每字一紙雜碎無序因命周興嗣次為韻語當其成時一夕鬚鬢盡白謂心力極於此書當時甚重其書詔令蕭子雲寫進而後世以書名者率作千字以謂體制盡備可以見其筆力然非書得成法者亦不能盡工也楊文公謂敕當為梁字本後人作草書筆畫轉移誤爾陳時朝廷命令未加敕字其說誠然知為字謬也

張龍公碑

舊見經序說梁武帝夫人郗氏或疑其事余考於書傳因龍天主祠得之謂郗氏性妒忌武帝受齊國未冊命忿懟投死殿井衆趨救之已化毒龍烟焰衝人莫敢近遂爲龍天主祠此尤增異而讖疏所說蓋可信豈變滅起伏因心以感者果有耶惟讖言因經報得還人天道而此祠迺歷陳隋奉之雖居徙不常而嚴麗崇餙祈禱致禮每輒得應此又不可知也隋大業中即其地造宮寺沙門法濟住祠中時爲神所降著衣鼓舞都不自

覺然人化為龍與化虎熊果有異哉今得趙耕碑序路斯化龍祈求得應或可信也今人疑路斯非名當上元中波斯王有畀路斯來唐世因以為名者多矣豈獨此哉

隆聖道場碑

高陽郡隆聖道場碑隋祕書郎虞世南撰次書石世南以書名隋唐間此碑最顯世競以摹本傳今其碑在定州龍興寺或疑為摹本以高陽之郡在中山郡也今考

大業雜記九年閏月幸博陵昔為定州先皇歷試所基遂改為高陽令世南謂大業龍集癸酉有詔改郡以記王業所興然則與雜記合矣夫釋老之教行乎中國自漢晉以逮齊魏僧尼為寺道士女冠為觀隋改法雲慧日二道場金洞玉清二元壇貞觀十二年復寺觀舊名則當世南時隋謂道場必矣唐志言定州博陵本高陽郡義寧元年析高陽為恒州武德四年以高鄭博野苑為蒲州貞觀初以鄭高陽歸瀛州天寶元年復以博陵

郡為定州而國朝迺以瀛州為高陽郡以定武之郡歸中山則池遼沒矣其興廢因革如此知碑非後世所摹也

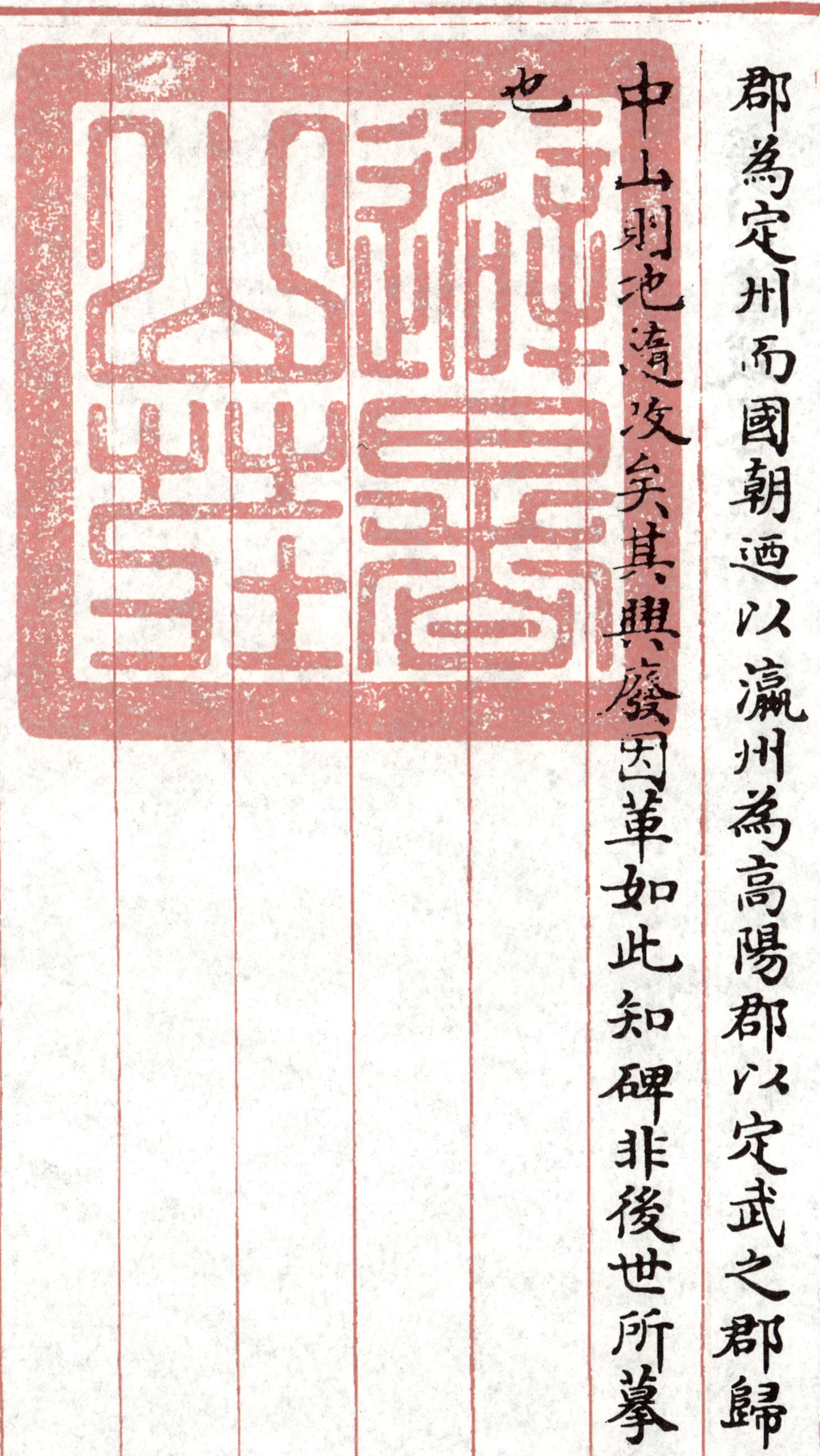

廣川書跋卷六

欽定四庫全書

廣川書跋卷七

宋 董逌 撰

砥柱銘

唐砥柱銘貞觀十二年特進魏徵撰祕書正字薛純書其字因山鑱鑿就其崖平隨多少置字故不成行序宛轉旁於巖嵌間以摹放石雖存而頗難得世知貴之唐以書學相高刻石之文此其最大者也筆力有餘點畫

不失尚多隷體氣象竒偉猶有古人體灋其後柳公權書刻招提令已譌缺不可讀惟純所書在濁河間得完葢摹擊之工不至雖濤浪射發風雨摧剥尚不廢也

醴泉銘

九成宫醴泉銘唐祕書監魏徵撰率更令歐陽詢書按唐貞觀中改隋仁壽宫為九成宫永徽中又改為萬年宫宫在岐州開皇十三年楊素所治也徵言宫城之内本乏水源六年四月西城之陰土覺有潤以杖導之有

泉隨而涌出因名醴泉不知何據也漢書京師醴泉飲者痼病皆瘉故漢儒集禮有地出醴泉天降甘露以為人主之瑞而不知者謂水從地出其味若醴如此則列子所謂神瀵者顧漢魏郡國與唐離宮安得有此爾雅曰甘露時降萬物以嘉謂之醴泉蓋甘露雨也今據此則論者不知其所出故著其說

歐陽詢帖

余求前人論書必先擇筆至於動作皆得如意非是未

嘗書也韋昶善書而妙於筆故子敬稱爲竒絶然書必託於筆以顯則筋骨肉理皆筆之所寄也率更於筆特未嘗擇而皆得佳趣故當是絶藝葢其所寄者心爾論者謂飛白冠絶有龍蛇戰鬭之象雲霧輕飄之勢眞行出於大令森森焉若武庫矛戟至使智永奪氣信乎書妙至此極者然飛白篆書世不復傳今收眞行章草可見知略無劾敵非虚語也虞伯施謂詢不擇紙筆皆得如意此正紀其實耳宜遂良不能及也

虞世南别帖

虞伯施手帖論儒學不使一日失業恐子弟隧其家聲且戒之使其不息也觀北堂書鈔大見功力深至非積學之久不能盡此乎纂雖識書學而文業衰矣故知虞氏九世文名為儒林所嘆可以為難也方隋時伯施以文學推選任祕書郎來護兒以武略任將帥至唐來氏有恒濟反以文顯而虞氏子昶以下不能世其業而為入仗宿衛故陸元方戲曰來護兒兒把筆虞世南男帶

刀故曰雖在父兄不能移子弟理固然也來恒本傳曰次知政事世南子昶無才術歷將作少匠主工作許敬宗曰護兒兒作相世南男作匠文武豈有種邪恒濟兄弟相

薛稷雜碑

書貴得法然以點畫論法者皆蔽於書者也求法者當在體用備處一法不亡濃纖健決各當其意然後結字不失疏密合度可以論書矣薛稷於書得歐虞褚陸遺墨至備故於法可據然其師承血脈則於褚為近至於用筆纖瘦結字疏通又自別為一家然世或以其瘦快

至到又似不論成法者也劉景升為書家祖師鍾繇胡昭皆受其學然昭肥繇瘦各得其一體後世不謂昭不及繇者觀其筆意他可以不論也

李衛公書

世傳扶餘國事類若劒俠而衛公從之似以任縱自嬉而放悍不制者然考其行事則動以禮法自約又若老書生深究進退存亡者信王佐器世或未易量也此書豪武自將亦既放矣或疑其偽將其暴侮神羞求合於

杳冥者乎亦當時憤激感慨豪氣未除而然耶劉餗嘗言衛公訴神且請告以官位所至詞色抗厲後有聲曰僕射好去顧不見後果如言此書逮似或眞有是耶將後人因此而附益之乎餗在開元中其説似有據是則若可信也

褚河南聖教序

褚河南書本學逸少而能自成家法然疏瘦勁錬又似西漢往往不減銅箭等書故非後世所能及也昔逸少

所受書法有謂多骨微肉者筋書多肉微骨者墨豬多力豐筋者聖無力無筋者病河南豈所謂瘦硬通神者耶

遂良帖

褚河南於書蓋天然處勝故於學雖雜而本體不失初學晉右軍既又學虞伯施後於史陵得用筆意乃曰此法更不可教人是其妙處也羿之立教必志於彀至巧之所極當自其心得非可法度準繩授也學至於此當

自知之

辯法師碑

辯法師碑薛純陀書昔歐陽文忠公嘗許其字不减率更然所書不傳於後永叔所得純陀書惟此不知又有甚焉者也貞觀十二年奉敕書銘砥柱其字磊落如山石自開隱鱗而出可以見方丈之勢矣固無牽强以成也當時如虞伯施褚登善號能書者皆避而讓之其後柳諴縣愛其書恐失其次第則又别書於石後世得純

陀所書砥柱銘者皆碎雜叢疊必按此而序之砥柱銘

薛純而此碑爲薛純陀嘗爲祕書省正字本名純陀後

以純自别於時撿於類書見之

碧落碑

碧落篆李肇得觀中石記知爲陳惟玉書歐陽永叔以

李漢碑爲黄公譔然字法奇古行筆精絶不類世傳篆

學而惟玉於唐無書名於世不應一碑便能奄有秦漢

遺文徑到古人絶處此後世所疑也李陽冰於書未嘗

許人至悉其書寢卧其下數日不能去世人論書不逮陽冰則未必知其妙處論者固應不同段成式謂此碑有碧落字故世以名之李肇謂此碧落觀也故以為名李漢謂終於碧落字而得名余至絳州見其處今為龍興宫考其記知舊為碧落觀而開元改今名又篆文若未畢其文者其終非碧落字則肇說是也其云有唐五十三禩龍集敦牂尒足歲在午為敦牂永叔謂高宗總章三歲以唐歷考之自武德戊寅受命至咸亨元年庚

午實五十三年矣然則總章者誤也

別本碧落碑

絳州碧落篆刻天尊背州將不欲以捶擊石像乃摹別石因封其舊石像今世所得皆摹本也雖横直圓方典刑有稽然遒其神者衆矣段成式言樊宗師作誌令陳惟玉書立太行山上此言險怪難知豈嘗求得其當而妄為戲哉世言字不考古甚則以品為鄰今於古品字正如此便知後世不知古字而妄議者可以歎也

歐陽通碑 予詢之

書家擇筆如逢蒙求弓矢必得勁良然後及遠中微然弓勁矢良當求其材可爲者非是雖得善工不能極其精也漢世郡貢兔毫當時惟趙國爲勝而工製或異亦復不良議者謂兔毫無優劣工手有巧拙正應工手不得則不得論其毫也路邑一世名手且重以雜寶爲跗然其善不過秋兔之毫及其後世漸以豐狐爲柱然鋒穎芒非兔翰莫可爲者歐陽通於書過自矜重至以

貍毫為覆兔毫管皆象犀然筆用兔頴自昔不能改至於為柱則或假用他毛若遂用貍為鋒心恐不得若兔毫之剛柔順適能中人意也後世或假胎髮羊毦雞毛鼠鬚亦皆成筆然不能盡其利用故知其特貴異爾王逸少謂有人以綠沈桼竹管見遺録之多年斯亦可愛玩詎必金寶彫琢然後為貴昔人或以琉璃象牙為管麗飾則有之然筆貴輕便重則躓矣不知貴犀象管者定可得輕便哉矜持太過失其常理是有媿不擇紙筆

者非能其父書也

歐陽通別帖

今世所見歐陽通書惟三碑其別帖殆存此也筆力勁險盡得家風但微失豐濃故有媿其父至於驚竒跳駿不避危險則殆無異也書家論通比詢書失於瘦怯薛純比詢書傷於肥鈍今視其書可信也

智乘院碑

長子智乘院碑唐鄭王文學阮立德譔李承福書碑成

於咸亨中則天帝時也考次鄭王元懿高祖第十三子武德四年分國於滕出刺沅州貞觀七年徙鄭十七年持潞州節改絳州一年再持節潞州復持節絳州所至以能稱善決大獄高宗褒以優詔當其時鄭王名重於朝廷為宗室表顯慶元年持節安沔隨郢安州刺史此其所歷也唐書惟敘鄭潞絳三州不言再持潞絳節其為安州刺史亦不著也子敬嗣國新舊書皆作璥蓋因其弟琳顯疑皆從玉也唐存中宗世子皆以材而任

職而敬之三世為吏簡為宗閔琳之再世為勉皆位宰相其在當時至顯而史所書若此其可勝考耶然琛珪琰璿璲珩碑皆不具而別見於龕石此宜史官不能備録也

崔敬嗣墓誌

集古録曰崔為唐名族而敬嗣不顯余考之唐有兩崔敬嗣昔中宗放房州吏多肆慢不為禮敬嗣為刺史獨盡誠推奉中宗復位有與敬嗣同姓者每擬官輒超拜

召見悟非是訪眞敬嗣死矣即授子注五品官注生光遠嘗持節荆襄從鳳翔又節度劒南其官職甚顯敬嗣亦以此名於世昔人偶不考也

陳昭題名

河南石氏得唐陳昭題名制度大備知今日進士刻石甚陋段成式曰慈恩寺題名自張莒於寺中題其同年人因爲故事柳氏序訓又謂韋肇初及第偶於慈恩寺塔下題名後進慕效之按莒登科在天寶十三載此時

已有題名觀陳昭所書在開元九年則其事可以考也封氏記神龍已來杏園宴後慈恩塔下題名同年中推善書者紀之他時有將相朱書之及第後知聞或遇未及第時題名則添前字故李紓不加前字到老恨焉則題名自唐神龍初有之矣柳氏著書在中和三年其碑僅存因成故事則余得考之方會昌中陳商知舉奏對不稱改命王起主文宣旨停曲江大會及題名局席至中和而後進士復題名慈恩則自廢而後行蓋在此時

也嘗聞唐人言柳宗元劉禹錫題名慈恩寺談元茂秉筆不欲名字著障目押縱版子者率多不達柳暗斟酌之馬徵鄧文佐盡著版子而宗元竟不達雖一時為戲然德器自可於此見之題名之盛亦一時所尚雖至今不廢但隆殺異爾

六公詠

李北海六公詠今泰和集中雖有詩而無其姓名又其說一章不盡或遺余見荊州六公詠石刻文既不刓故

得盡存可以序載於此按中宗復位以彦範王扶陽暉王平陽元暐王博陵東之王漢陽恕己王南陽世謂五王然皆梁公所進故邕歎其成大功者六人詩尤奇偉豪氣激發如見斷鼇立極時至今讀之令人想望風采宜老杜有云昔盧藏用謂邕如干將莫邪難與爭鋒史官所美謂碑頌是所長余見他文亦不若是壯厲警拔殆感憤而作故氣激於内而横放於外者也序言邕為荆州令新舊書但稱坐善張柬之貶福州司户參軍韋

氏平還為左臺御史張廷珪姜皎引為御史中丞姚崇出為括州司馬起為陳州刺史後貶遵化尉徙灃州司馬括州刺史歷淄滑汲郡北海不書嘗為荊州也

御史臺精舍碑

御史臺精舍記唐中書令崔湜撰漢承秦制御史為丞相貳其後以寺隸之憲法所在也然立精舍以居其致一於此可矣書傳所見最先包咸東海立精舍教授此在西漢末顧湜謂此佛之所舍昔漢處摩騰洛陽西建

精舍為始誤也按釋書以靜居為精舍致一為精不使雜也古之齋心服形其居必有可黙存者令人猶闢屋為齋謂如齊戒以守其獨不可以精舍名之此亦過也蕭摩之請造興塔寺精舍詣二千石庾子輿造佛寺因立精舍嶺南源明僧紹住弇榆山棲雲精舍此皆諸梵所居然書生立學昔傳此名豈致道之所居惟精一而後得之昔魏武嘗曰譙東五十里築精舍秋夏讀書其後徐庶折節學問精舍唐僧淵立精舍豫章阮孝緒以

一鹿車為精舍徐伯珍立精舍蒙山陳寔立精舍講授張郡戴顒立黄鵠山竹林精舍張漢直其弟出精舍數里遇之則古人於其居也以是名之凡以求致一於學者故以名自警觀其朝夕處之可不思以致其精耶後世知釋氏所居為精舍便以為精舍皆寺也淈之嗜利蔑學其可責以此哉

盧舍那碑

盧舍那佛像記蔡有鄰書今見於世者三碑惟尉遲迥

廟與此存耳書法勁險驅使筆墨盡得如意當與鴻都石經相繼也唐志稱有鄭於八分本怯弱至天寶間遂至精妙相衛中多其蹟然則當時蓋不止三碑惜其今亡之也

尉遲迥碑

尉遲迥碑成伯璵撰世以蔡有鄰書特貴其敘迥事與周史略同然迥之死節不得顯方周之興迥已為蜀國公矣逮魏之亡一宗伯且受命舊國舊都望之無慨於

懷不翅傳舍一日去之矣隋公總政天下之勢可以知
也迥則不受而承制起師以興復為任其事則有疑也
豈以地居嫌疑勢窮畏迫自度不能容於隋而發哉則
寃憤鬱結不得其死宜其出靈響以自見不得如鄧伯
琠闕也唐說自迥之死而相州都督死者前後相繼
張嘉祐既治事夜整冠危坐有自西廡出者曰余後周
尉遲迥也死於此遺骸尚存願得畢葬前牧守者膽氣
薄劣驚悸而逝非所害也又指其女子曰同瘞於此明

日嘉祐發掘得之備衣衾棺器禮而葬焉既夕出謝曰
余無他能顧畢公之政節宣水旱唯所命嘉祐以事聞
上請置廟歲時血食有詔襃異今考周紀韋孝寬既平
鄴城則移相州守安陽至於碑則謂武德中朝制改葬
逮開元丁丑張嘉祐問俗郡言多祟公曰蜀國公獨為
純臣闕修殷薦其取戾也宜哉觀此自是武德改葬至
嘉祐則廟而祀之矣亦不因詔而行也與尚書故實政
戾謂神之休福則得之其謂遺骸西廡詔為廟容改葬

於開元歲皆誤也

李太白藳

藳書世傳李太白遺文或謂謝氏子弟誑武功蘇才元所書更不復詳考所出而推舉過重便謂不減魯公然此書雖少繩墨不可考以法度要是軒前輕後度越陵突令人想見酒酣賦詩時也王僧虔論書或以其人可想或以其法可存世人悉李太白名至僞書一卷亦聲價增重豈以人可想故耶

張旭千字

長史於書天也其假筆墨而有見者是得其全神而加之手爾豈知曲直法度自成斵削間邪觀其書者如九方皐見馬不可求於形似之間也方其酒酣興來得於會意時不知筆墨之非也忘乎書者也反而内觀龍蛇大小絡結胸中纍纍乎乘雲霧而迅起盲風異雨驚靁激電變怪雜出氣蒸煙合倏忽萬里則放乎前者皆書也豈初有見於毫素哉彼其全於神者也至於風止雲

息變怪隱藏循視其蹟更無徑轍時一豪不得誤也是昔之昭然者已喪故耶

張長史草書

百技原於道惟致一則精復神化此進乎道也世既以道與技分矣則一涉技能便不復知其要妙此豈託於事游泳乎道者耶張旭於書則進乎技者也可以語此矣故凡於書一寓之酒當時沈酣不入死生憂懼時振筆大呼以發其鬱怒不平之氣至頭抵墨中淋漓牆壁

至於雲煙出沒忽乎滿前醒後自視以為神異初不知也今考其筆蹟所寄殆眞得是哉夫神定者天馳氣全者材放致一於中而化形自出者此天機所開而不得畱者也故遇感斯應一發而不可改有不知其為書也

莆田方宙子正得君謨所藏張長史帖為書其後崇寧二年十一月壬申

張長史別本

見鐻於山不喪其天見蜩於林不分其神誠能知此可

以語書矣嘗見劒氣渾脱舞鼓吹既作孤蓬自振驚沙坐飛而旭得之於書則忘其筆墨而寓其神於羣帝龍驤雷霆震怒之初矣落紙雲煙豈復知耶此殆假於物者神動應於内者天馳耶昔崔延伯每臨陳則令田僧超為壯士歌然後單馬入陳所向無前至僧超死則不復能戰是知以氣勝者氣能蓋天下然後可以勝天下矣宜純氣之守者萬物不得窺其蹟也

郎官石柱記

赤驥白蒜一駕千里當其披崑崙上羽陵時求其逸景於逐足下殆無遺蹤矣至於在六轡間和鑾在前盠續在後則過君表而舞交衢進退履繩旋曲中規求其毫釐跌宕無遺恨矣長史之書殆盡於此方乘醉時翰墨淋漓雖驚風迅雨不能與其變俱也此詎可以規矩準繩求哉及郎官記則備盡楷法隱約深嚴筋脈結密毫髮不失乃知楷法之嚴如此而放乎神者天解也夫守法度者至嚴則出乎法度者至縱而不可拘覯其侸音樹

鋒鱗勒峻磔抑左升右抑策輕揭緊趯(音立)闈收此書盡之世人不知楷法至疑此非長史書者是覩其騏驥千里而未嘗知服襄之在法駕也

張友正草字

張友正所書自云得漢人心法其用筆過為鋒長而力弱殆不可持故使筆常動搖勢若宛轉世人故自不能用今考其書別搆一體自得成就雖神明潛發不逮古人然自然處正自過人也今人不知古人用筆或妄詆

者不知書者也皇象曰欲見草書漫漫落落宜得精豪䯍而兖切柔皮筆委曲宛轉不叛散者紙當得滑密不沾汙者墨又須多膠紺黝者如逸豫之餘手調適而心歡娛

正可以小㞒觀此便知友正用筆蓋有所本近時趙㪅彥思學友正用筆至於草字已能輕舉迅速頡頏筆墨間自與握一寸筆頭拘制方寸間者異也

崇徽公主手痕碑

碑在汾州靈石蓋唐僕固懷恩女懷恩唐功臣以嫌猜

叛入回鶻没其家入後宫大歴四年以回紇請婚封爲
崇徽公主下降可汗以兵部侍郎李涵往冊命唐都闌
中其入回紇道至汾上此其常也然托掌石壁遂以傳
後豈怨憤之氣盤結於中而不得發遇金石而開者耶

廣川書跋卷七

廣川書跋卷八

宋　董逌　撰

魯公祭姪文

峻拔一角潛虚半股此於書法其體裁當如此矣至於分若抵背合如並目以側映斜以斜附曲然後成書而古人於此蓋書盡之也魯公於書其過人處正在瀌度備存而端勁莊特望之知為盛德君子也嘗問懷素折釵

股何如屋漏水曰老賊盡之矣前人於其隱處亦自矜持不以告人其造微者然後得之此二體又在八法六體外乃知書一技而其法之衆至此公祭猶子文殆兼存此體者也

磨崖碑

中興頌刻永州浯溪上斵其崖石書之刺史元結撰結以能文卓然振起衰陋自以老於文學故頌國之中興頌成乞書顏太師太師以書名時而此尤瑰瑋故世貴

之今數百年蘚封莓固遠望雲烟外至者仰而玩之其亦天下之偉觀者耶嘗謂唐之文敝極矣結以古學為天下倡首芟擢蓬艾奮然拔出數百年外故其言危苦險絶略無時習態氣質奇古踔厲自將嘗曰山蒼然一形水泠然一色大抵以簡潔為主韓退之評其文謂以所能鳴者余謂唐之古文自結始至愈而後大成也

放生池碑

顔太師以書自娛平生意好惟此不替晚年嘗載石以

行磬而藏之遇事以書隨所在留其所鐫石監視而考之自公之没名德雖在人然世豈盡知惟書於石者人得見之故今獨以書名於世或謂公以書傳流俗間至野人田老皆得名之甚至與書藝人並傳

王密碑

太師於書天得也嘗學折釵股謂得古人書法隱處余見此碑特盡之矣故為世絶藝觀太師名德偉然為天下第一忠義之發本於天性令人不得盡知惟書法入

石流傳於後故世無賢不肖皆得知之蓋以公為善書人也今書藝所學皆深墨重筆如指畫木印狀皆謂能學公之書矣昔夫子能拓關而不以力聞蓋以慎其所習也公於書自喜常患後世不傳則其陷流俗中亦自取其累也

摹畫贊

東方曼倩畫贊昔魯公守平原時為書今其石刓剝後世復為摹搨以傳然魯公於書其神明煥發正在筆畫

外若卷朱墨而印於石者此待詔書爾果有道耶公之書幸今猶有存者更數十百年後石破字缺人間所得皆其傳摹見者必唾而笑之其書不足傳也

新驛記

新驛記唐祕書少監李陽冰書陽冰在唐以篆學名世自秦相李斯後號能書者不得伯仲間見也今世壯碑巨碣尚多有之其詣絶處更無蹊轍可索碑陰有頌謂斯去千載冰生唐時冰今又去後來者誰後千年有人

吾不得知之後千年無人當盡於斯嗚呼郡人為吾寳之昔歐陽文忠公嘗疑唐相賈耽為之蓋耽喜陽冰書嘗為序其說文字原耽後又為滑州刺史其為刻此或可信也余考其言蓋舒元輿所為玉筯篆志謂斯去千載冰復去矣誰能得也當盡於斯嗚呼主人則與今碑陰或異蓋後人因其文時有改定以合此記不足怪也雖然陽冰篆字其甚工處不盡於此而刻元輿頌者獨見此碑爾元輿又謂陽冰其格峻其力猛其功備光大

於秦斯信矣則亦屢進而不止也

李陽冰篆千字

陽冰於書授法張旭世疑長史遊於顛寘之地所以離遁繩墨而自放者也豈有蹟可求哉觀陽冰此帖得書法三昧雖規合矩應不遁方圓至其神明合離殆無蹊徑可蹈而循固知與長史異者形蹟之間也書家以法相授其律甚嚴非心融神會未嘗以付始求於法不參流動如羚羊掛角更無聲蹟逮其游於法之外斯可語

成法矣

琴銘

唐李祕監琴銘十字特奇古李陽冰小篆惟見於此琴在太常昔陳儀為協律郎嘗出以示客余因摹其書今琴入禁中故世以其書貴也沈存中書曰南滇島上得一木名伽陀羅紋如銀屑其堅如石命工斲為此琴焉且謂琴材欲輕鬆脆滑木堅如石可以製琴所未諭也觀此是括未嘗見琴其銘亦不盡見也今銘曰以為臨

岳等此豈為琴材者耶或曰琴之臨岳何據曰昔孫綽云回風臨岳刈飾流離成公綏亦曰臨岳則齊州之丹林顔黄門曰琴首更絃者名臨岳琴必以堅木藉絃欲其不刻入也世人既不見琴而銘又少得傳括以其書行於世則余不得不辯

徐浩寶林寺詩

李邦彦出會稽寶林寺詩黄庭堅書其後曰法士多壞能奴來反乃是僧為鼈爾孤岫龜形在謂山有穴而特不

可謂山余評曰此詩未有工處特以書貴季海書名唐世而此石乃公平生書不得不尚如高閣無㤝㚖音沓乃詩人會意誤處黄子抉而警之是一快事謂壞能孤岫不害於詩黄子求人已細張子曰因進非哀表賢選能奴來切憑相觀㠯祈禳攘災古人已如此音況能有所合謂之能自有据耶尒足曰山有穴岫不必謂如神瀵凡山有竅穿可見者皆是故謝康樂言牕間列遠岫元暉言雲表吳岫微杜甫言自多窮岫雨韓愈言點點露數

岫豈盡失也若白居易言岫合雲初吐則不可謂山聳而出者世人多託人見聞以為已是黃子說嘗勝人亦未深考余不得不辯政和元年四月十三日

徐浩開河碑

書家貴在得筆意若拘於法者正似唐經所傳者爾其於古人極地不復到也觀前人於書自有得於天然者下手便見筆意其於工夫不至雖不害為佳致然不合於法者亦終不可語書也觀蘭亭敘樂毅論便知逸少

於法度備矣此皆已出後人摹勒以傳不能盡得當時下筆意至其合處猶度絕前輩備有書法可則則知書到古人地位自可以法度論也昔蔡邕受法於神人傳於崔瑗瑗傳之文姬文姬傳之鍾繇繇傳之衛夫人夫人傳之逸少自此而下各有師授逮於張旭其書分故蔡有鄰法為篆惟顏清臣徐季海守舊法而眞行盡合於古之作者至韋玩崔邈授其法而絕矣考其源流正如禪家宗風相承各有主也後人積學不及古人而授

受又無傳嗣宜其不知古人筆意可勝歎耶開河碑令狐綯文字季海所書也書法該備而尤妙他石知其法度所從來遠矣

徐浩題經

題經楷法最密殆於樂毅論得其結字妙處至形密勢踈字細畫短故當在伯仲間然方而有規圓而藏矩未嘗刓角耀鋒構成觚稜正如大匠掄材斲木就器繩墨既陳潛刃其間求礱削之蹟殆不可見況痕瑕節目可

得而求之耶季海於此可以忘情筆墨矣顧法度存者世知什一豈論三四哉

懷素七帖

書法相傳至張顛後則魯公得盡於楷懷素得盡於草故魯公謂以狂繼顛正以師承源流而論之也然旭於草字則度絶繩墨懷素則謹於法度要之二人皆造其極斯可以語善學矣昔魯男子以其不可學柳下惠之可素於張旭吾知出此

懷素別本帖

李丕緒舊藏懷素別本有六帖筆力險絶而法度盡應比他書若異蓋古人於用筆時一法不立故衆技隨至而於見空時得無字相此其不落正撿而天度自全也世人方將捉三寸柔豪籍之緹油心量形象而暗度遠近疏密隨步武之後躡其遺塵豈復有全書者耶鄔融嘗問素胡不學雨靈痕良久而省又問撥鐙法如何曰如人並乘鐙不相犯㓨鋒事密射如何曰不可言也觀

其書知此法從來久矣

懷素洪州詩

懷素似不許右軍得名太過謂漢家聚兵楚無人也其與阮籍言世無英雄使豎子成名氣亦略等矣觀李廣射石秦人扑虎皆在氣全未分時使之一改而氣已移雖有勇決剛果何施於用耶懷素氣成乎技者也直視無前而能坐收成功天下至莫與爭勝其氣蓋一世久矣故能致一而終身不衰也

北亭草筆

懷素於書自言得筆法三昧觀唐人評書謂不減張旭素雖馳騁繩墨外而回旋進退莫不中節旭則更無蹊轍可擬超忽變滅未嘗覺山谷之險原隰之夷以此異爾今其書自謂眞出鍾草出張眞字不見於世惟草獨傳當其手筆調和時忘神定氣徐起而視所鄉無前故能迴出唐諸子右奄薄劉宋齊隋而兼有之其體製該備顧後世不能加也北亭所書適當其逐鴻濛而問太

虚時矣至其會處乃假浪岷山放乎江之津也

高閑千字

閒之書不多存於世其學出張顛在唐得名甚顯韓退之嘗謂張旭喜怒憂悲必於書發之故能變化若鬼神旭之書其初豈能無是哉其進於知者日益遠矣指與物化而心稽者喪矣縱横振發超忽滅没忽乎出於前者若雨雪霜雹雷轟電激方其時豈復知喜怒憂悲而求以發之耶觀閒書者知隨步置履於旭之境矣彼投

蹟無差者豈復循已棄之轍蹟而求致之哉正善學旭者也

遺教經

歐陽永叔以此為唐寫經手黄魯直謂此書在楷法中小不及樂毅論今世不知樂毅論已遭火而別本為薛崇徽所藏亡於五溪其搨本皆摹畫善者則亦與寫經手何異但此書疏肥令密密瘦令疏自得古人書意其為名輩所推良有以也昔張翼代羲之草奏幾乎亂眞

褚遂良臨寫右軍亦爲高妙但恨乏自然後人不見逸少蹟若碑刻所傳已多假僞則臨搨善自足惑世矣嘗得佛戒經其碑乃比丘道秀書與此經一體率化衆緣共崇鐫刻則知爲道秀所書但世不傳爾道秀德宗時人其書當建中三年壬戌蓋永叔曾不見碑陰故所評如此

鑄鼎原銘

虢州刺史王顔撰華州刺史袁滋籕書其作銘在貞元

十一年九月至十七年韋諷復書識其後以籀為篆蓋古者均謂之篆至秦既分殆以史籀所書為籀不足異也其曰得玉石佩於原上地深四尺得獲之黄帝去今六千四百三十年謂此上升時小臣遺墜物也此則怪矣然原上非人迹所至佩藏土下當時不得不異其說以黄帝為六千年者緯書也三皇遠矣後世推考不得其序史記雖斷自黄帝然歲月尤謬誤而緯書之說又皆臆決安可信哉但言者欲引以自神則增多奇怪亦

其常也

陰眞人詩

酆都宫陰眞人祠刻詩三章唐貞元中刺史李貽孫書元豐四年轉運判官許安世即祠下盡閲其石謂此三詩眞陰氏作如還丹等皆後人託之乃屬知夔州吴師孟書既成送觀中於是盡破礲其餘石故今世不得傳余嘗得舊石本然獨存此也眞人名長生新野陰氏本儒生有才貌善著書其學類左元放嘗授太清神丹故

世傳其丹經贊文甚古雅亦異東漢時人不知嘗為此詩也此詩雖然與漢異不知安世何據而知余益知前所毀棄未必皆非長生所述葛洪曰長生服金液半齊其止世間幾千年然後仙去殆古强所謂洪亦不省也

李翺題名

李子揚出貞元某年李文公題名唐之進士科曰蓋自韋肇始而兩京初未聞今考文公所書知府送皆有會集書於慈恩石㮫蓋當時等甲進士便與科名等故世

尤貴重觀韋貫之集有啟獻韓貞公乞免知進士舉當時貞公欲以解頭目送文公謂頭須用合及等人恐不可令舉子作解頭取及第由是乃得以李翺為第一張仲素次之蓋自十人解送而九人入等時以為盛即此題名是也子揚世系蓋習之胄緒宜其保此

桐柏廟碑

唐元微之修桐柏廟碑昔歐陽永叔謂刻銘於碑謂之碑銘後世伐石刻文既非因柱已不宜謂之碑微之書此

為碑過矣古者廟中庭謂之碑故以碑為節然獨不可以石刻文遂謂之碑嘗見伏滔功德銘曰堯碑禹碣歷古不昧范雲亦謂嘗見異書堯碑禹碣皆為籀文在崆峒山中此果足信哉余謂微之為此碑亦因是為據

撫州六詠

陳公遠得戴容州臨川六詠筆畫疎瘦婉麗勁疾不在唐諸子下然世不以能書名也蓋叔倫自以詞學著聞世少見其書宜其不為人知其後識曰龍沙或疑叔倫

燕人者今考新舊書皆曰豫章或曰其先蓋幽都又冀自宋出無相及也豫章記言章江東岸沙勢如臥龍狀故叔倫詩曰鄰里龍沙北以沙岸如龍故云

絳守居園池記

文章之奇至矣作者既衆人爭務以工自見時出所長暴耀震發則其勢必至恢詭譎怪而後已金玉犀象人之所寶楩楠豫章人之所材至於大宇之下常珍滿目故非奇玩怪產不足以發異觀於是海中腐石以出珊

瑚溝中斷木以供犧尊唐之文敝極矣而後有韓退之振起衰陋故皇甫湜李翺張籍輩相附而出蓋亦求海中之石溝中之木者也嗚呼能不隨人後以自樹立宜昌黎公之文獨臻其至耶

園池記別本

園池記文既怪險人患難知蓋紹述亦釋於後自昔不知故世不得考之崇寧三年余至絳州乃剔刮劘洗於其後刻回連（亭名）香（亭名）薪（亭名）槐（亭名）望月（亭名）柏（亭名）鵬（白鵬亭）鷺

（白鷺亭）白濱（亭名）雅（薛姓絳人）文安（裴姓聞喜人與雅同應漢王諒友）軌（梁姓為正平令）蒼塘（亭名）風（亭名）鼇（亭名）如此而後可以識也嘗聞八代文敝至唐極矣以文皇之英叡房杜之才賢不能革此豈習俗已久非改心易慮盡去舊染不能扶而正也其習於今者碑刻書疏讀之令人羞汗浮淺如俳優詼語鄙俗如村野訟諜無所校者也當時如韓退之毅然以古學為諸儒倡然其得意而人非笑之者不勝衆也蓋流俗所移非能自立者其能終不廢耶紹述之知不顧世俗

者其言雖怪要不置木立塗望洋而鄉若者也

陰符經序

柳誠懸書至此極矣然人之好尚亦難齊矣李西臺愛柳尊師志歐陽公愛高重一作唐碑惟君謨獨喜此序謂善藏筆鋒自是書家所共恐不能盡其妙處觀其平時論曰尖如錐捺如鑿不得出只得卻文宗問之曰凡縛筆頭極緊一毛出即不堪用然藏鋒在得筆意非極工於筆亦不能也宜公權戒此

金剛經

誠縣以書聞四方史謂當時中外大臣家書碑刻銘不煩手筆者子孫以為孝敬不足故昔時高麗百濟入貢齎貨貝以購書名之重後世莫及然此經本書於西明寺後亦屢改矣經石幸存不墜兵火柳玭謂備有鍾王歐虞褚陸之體今考其書誠為絶藝尤可貴也

武昌詩

李衛公武昌詩其間謂牛羊具特俎則指牛僧孺楊嗣

復歎夫朋黨之怨至於如此雖一話言閒且不能忘必求詆訾以逞其憾安得公天下而無私好憎之心哉德裕學優而材勝其操術近正但悁忿少容以及於禍昔牛崇為隴西主簿羊喜為郡功曹馬文淵為太守涼州云三特備具德裕嘗編牛羊日記皆取於此

衡州門記

衡州記唐太中四年李侗為刺史因治郡署立通門刻石記其封域所本不見書撰人名蓋侗所為也其言衡

陽當五領門考於書蓋古文嶺字為領五領皆在今廣南以衡岳為五嶺門昔鄧德明作南康記其五嶺甚辨然皆謂在南康則非也裴潛記以大庾始安臨賀桂陽揭陽為五嶺今考於古可信然二子之論雖異獨無以衡陽為五嶺者或伺自有據而衡山又有五嶺不可知也

趙璘登科記

秦始晦藏趙璘登科記書本唐人蓋筆畫工力殆出遺

教經而稍為出入繩墨不拘律度内顧後世書名者未能伯仲間見首末盡亡蓋自開元二十三年至貞元九年其間亦又有鈌剝不可倫序或遺去十年或少三四年在姓名中又泯滅過半此書既久其存宜若是以趙參所紀姓名則又有異者此不能盡考也昔鄭顥當知太中十年舉宣宗索登科記顥表曰自武德以後便有進士諸科所傳姓名皆是私家記錄尋委當行祠部外郎趙璘采訪諸家科目記撰成十三卷今所存纔六卷

而亡者十七八矣雖然猶幸以書字著顯而世存之故
令得有傳也余嘗訪今藏書家并官書所籍殆無璘所
撰登科人目則此書尤可貴也因録而藏之并以舊記
相參成十卷以傳

于範書

于範書險瘦自有體裁唐人書大抵有法而於文則或
不工未者勝也範書自序感戀增懷皆書詞所避咸通
間唐制不行於天下久矣後生不習典禮可以增歎也

梁制箋書有增懷語者不得荅書答中彼此感思乖錯者州望須刺大中正處入清議終身不得仕唐紅亭記立制凡稱感者徒二年其法至重梁制至唐雖未必盡用然陸贄所定行於貞元不應咸通間盡廢知當時唐之制度不能行於四方也

唐經生字

書法要得自然其於規矩權衡各有成法不可遁也至於駿發陵厲自取氣决則縱釋法度隨機制宜不守一

定若一切束於法者非書也世稱王逸少為書祖觀其遺文可以得之每為一畫則三過筆至波勢則偃筆從字有同處創為別體若其垂露懸針碰石釵股諸體備有至於神明煥發絶塵掣影則不謀自合此其貴也後世論書法太嚴尊逸少太過如謂黄庭清濁字三點為勢上勁側中偃下潛挫而趯鋒樂毅論燕字謂之聯飛左揭右入告誓文客字一飛三動上則左竪右揭如此類者豈復有書耶又謂一合用二無三解㰍四平分如

此論書正可謂唐經生等所為字若盡求於此雖逸少未必能合也令人作字既無法而論書之法又常過是亦未嘗求於古也

盩厔尉題名

唐都關中盩厔在畿内為望至重而尉尤為要任自進士第一與賢科中選人得補然以題名考之皆自此入翰林充學士者接武不者猶為眞御史世傳縣吏視新尉到而輒論其官壽所劘未嘗差蓋閲人多者自有據

依惟貴人多故知者尤審也水曲曰盩山曲曰厔其取名者如是

津陽亭詩 司馬懿征朱然於樊城車駕送津陽城門外元嘉二十五年次開陽門為津陽然則漢以洛陽宮為名而南朝效之若蟠之言津陽即本漢之東郡

鄭蟠津陽亭詩其敘津陽門有亭舊矣疑唐亦有之但不若漢時備也東漢天子都洛其制度盛麗故典儀書洛陽二十街街一亭十二城門門一亭津陽為城門則有亭宜也

廣川書跋卷八

欽定四庫全書

廣川書跋卷九

宋 董逌 撰

劉統軍碑

余讀韓愈作劉昌裔碑竊疑其書謂既葬將反柩於京師知其必有誤也且既葬矣安得而反柩哉因求其碑偶存焉考其文是反机於京書之所傳其譌若此豈不使後世疑耶其餘雖於義不甚相妨然因其譌誤可以

復證也碑云陳許軍節度使今書本無軍字反机於京碑無師字不可以誣碑無以字有太史之狀有太常之狀而無下有字蘇民戰敵碑為軋敵陳力應變碑為陳方僕射已都碑作以都書曰菑害碑作烖害以文考次知書本為誤乃知碑刻之傳於當時者不可誣也後世校讐不得原本因誤就譌不究其意隨己所見致文字錯亂以疑後學可勝歎哉

又劉統軍別本

元祐七年余為李平叔書劉統軍碑後明年贊皇李叔
憲復得此碑屬余考其歲月將有釋於後也按新唐書
劉昌裔始說邊將不售去入蜀楊惠琳亂說之順命拜
瀘州刺史署昌裔州佐惠琳死客河朔間曲環方攻濮
州表為判官為環檄李納剴曉大義環上其稾德宗嘉
之或謂永貞元年十一月夏州節度留後楊惠琳反明
年六月伏誅則不得順命為瀘州刺史建中三年曲環
為邠隴節度其後改陳許則不與李納同時其序錯亂

不可以據令考於碑楊琳為横巴蜀靡凋公由游寄單船往諭招琳後來降公不有功德宗之始為曲環起則昌裔先在河北外論事不得用則入蜀説楊子琳得佐瀘州子琳死始從曲環新舊書唐歴書永泰二年崔旰攻劒南節度使郭英乂邛州柏茂林瀘州楊子琳劒南李昌夔起兵討旰大歴二年杜鴻漸節度西川表子琳瀘州刺史當其時昌裔實佐其州事則自當為楊子琳但為楊琳舊書因之故不得以相亂新書以為恵琳又

以其在夏州時故謂李納僭逆歲月皆誤至謂攻濮州蓋陳許節度李光顔其謂曲環誤也新書建中二年平盧節度李正已卒子納自稱留後貞元八年納卒舊書李納之為留後在大歴十一年其卒當貞元十五年以實録考之舊書是也舊書建中二年李洧棄其師李師道以州來降十一月宣武節度劉洽與神策將曲環大破李納之衆於徐州又曰李納擁兵侵迫徐州令曲環與劉元佐同救建中三年李希烈侵汴州環大破希

烈軍於陳州城下擒其驍將翟暉以功加兼陳州希烈平環兼許州貞元十五年環卒上官涗代之涗卒軍中推昌裔遂代節度碑謂新帥不牢勵勸將逋則吳少誠薄城涗欲遁去皆於碑可以考之後世不求其事惟史所錄據以為信則安得無誤歐陽公嘗以碑考史書謬誤若此之類是也

田宏正家廟碑

唐文敝至韓愈始變而知所守後世學退之者惟歐陽

永叔獨探其源余考田宏正碑蓋其傑然自出拔乎千百歲之上者永叔嘗得此碑以校集中誤字三處曰銜訓事嗣考其所出雜比成章錯綜而不亂信其有得於此又曰降以命書奉我王明必以集為誤者余則不得信於此也以降命書不得如集所傳天明施於君為不類不若王明之切當而有據也今碑為非是則不可謂天明以降為工於集所著而傳則不可碑雖既定其辭而後著之石此不容誤謬然古人於文章磨鍊竄易或

終其身而不已可以集傳盡為非耶觀其文當考其詞義當不然後擇其工於此者從之則不得欺矣今天下知文公者莫如文忠公文忠謂是人不敢異其說況碑為當世所書人豈可盡告而使知耶令人得唐人遺藁與刻石異處甚衆又其集中有一作某又作某者皆其後竄改之也嗚呼知退之者益少今惟文忠為得其要其說猶然其下一等又可知矣

徐偃王碑

徐偃王碑昌黎韓愈撰徐放書碑故在集中以其文相校不失蓋碑近而傳者衆故得不誤愈於此碑序事淹該華實不似黄陵等碑錯雜無序髮騣上薄漢周不造其極則不止魏晉宋齊糠粃殆盡略無餘習可謂至矣昔人嘗謂公於文渾然一出於已不蹈藉前人横騖直肆恢奇衍溢今考其言曰徐不忍鬬其民北走彭城武原山下百姓隨而從之萬有餘家因號其山為徐山此即范氏漢書全用其語宴西王母事盡錄穆天子傳朱

弓朱矢采祥瑞志然則愈於文蓋亦未嘗不用前人語但使人不覺如已出也其曰故制樸角昔人嘗改為桷淮南子曰堯樸角不斲素題不枅愈於書無不用也

平淮西碑

唐平淮西碑翰林學士段文昌撰安定李元直官朔方得於定武余感而歎曰明娵子奢莫之媒也嫫母力父是之喜也昔韓愈受詔為文開鑿渾元索功元宰蓋精金百汰愈鍊愈堅其植根深其藏本固發越乎外其華

煜然不可掩已自漢以後無此作也帝子不慧過量其
夫且嬌姹之苟以大功尸於私室夸耀寵靈要求命數
惟意私之則破其碑以仆於道時君世宰暗愚自將則
受以改命文昌庸伍安知為文氣質衰陋無復經緯雖
組織求麗而綱領失據正如江左俗學以麗偶自矜借
使一時女子無知朝廷之間君臣論議又出一女子下
耶借使在朝無人庸鄙暗劣文昌其可承詔為此哉昔
李商隱讀愈平淮西碑謂如元氣正賴陶化庶類而當

時不容況一日得行其道吾知其不得存矣或謂不敘
愬功考其言用夜半至蔡破其門取元濟以獻盡得其
屬士卒豈嘗泯没無傳顧愈以裴度決勝廟算請身任
之帝黜羣議決用不疑此其所取遠矣劉禹錫知名於
時嘗忌愈出其右貞元長慶間禹錫隨後以進故為説
每務詆訾且謂文昌此碑自成一家其自快私意如此
又謂柳宗元言愈作此碑如時習小生作帽子頭以紃
綴其文且不若仰父俛子以此為上下之分宗元嘗推

愈過揚雄不宜有此語皆禹錫妄也

羅池廟碑

文公敘羅池事亦既異矣夫鬼神茫昧幽眇不可致詰聖人闕而不言惟知道者深觀其隱自理得之然不以示人恐學者惑也昔殷人尚祭祀事死以生其敝小人以鬼則立教御俗可不慎耶嘗觀文公守儒道甚嚴以世教為己任其論武陵謝自然事勇決果斷不惑於世可謂能守道者至羅池神則究極細瑣惟恐不盡豈亦

敝於好奇而不能自已耶

為李文叔書羅池碑

羅池之文至矣來者不能加也其以子厚正直為神誤矣昔歐陽文忠學文公而知至者嘗評田宏正碑銜訓嗣事為譏必曰事嗣則語參錯而雜比故能起而振也余讀此碑至牛繫軛下引驅上檣益知簡鍊差擇其精至此信天下之奇作然永叔謂春與猿吟兮秋鶴與飛疑碑之誤此最退之用工處不知何故反於此疑之考

銜訓事嗣退之便是一體得於彼而失於此蓋亦不思也

爲陳中王書羅池碑

佛經言人之生死變化出入六道中蓋上修則天神果下修則阿修羅果然天中極樂修羅極苦以樂苦相求者皆有盡極惟修泥洹果者然後出此柳子厚浮躁進摶得辠其時以忿恚憤怨死若在正法中墮修羅界宜也今西方諸國尚神爲俗各有名號以祈福祥惟女國

正名為阿修羅蓋西域以神人為修羅其自有名者以其所顯者得名號稱之正如羅池之類是也愈不讀佛書不知其果如是方且敘其怪變謂聰明正直也

黄陵廟碑

黄陵碑世以其書為重石久缺剝字滅幾半矣近人以其完本售至數萬謂傳師此書特謹重有法不與他石並也歐陽永叔嘗得其碑謂降小君為夫人據碑為定其餘猶有可證於書者今考於禮如夫人之為小君自

不失正豈書猶可疑也又若𠻳方等語大不合於書矣退之於文嚴整密緻故語妙天下余於黄陵碑疑之詞不整比而辨事謬誤不知何為至是其謂張愉曰且使後世知有子名加此於人其誰受之耶穆宗詔曰張愉學古人仕甚修飾河西有政聲次於李諒則愉之名不待愈而後世知之矣

又黄陵廟碑

博士王持國得韓愈撰黄陵廟碑甚完其字無譌軸而

藏之屬余書其後余謂黄陵文見昌黎集人皆可得惟碑以沈傳師書爲貴久則字刹缺不可讀故其完本難得余嘗考昌黎之文閎深浩博不與世人同機軸卓然自成一家獨於此碑雜碎無統紀文氣亦不純而格韻不類蓋其辨湘君已失故其言亦自畔不得經意湘君即舜妃夫人爲女英以楚詞可得知之古者天子建后其以娣姒從者雖皆同姓自當爲夫人此禮也郭璞疑帝舜之后不當降小君夫人愈謂有小君故正得稱君

夫所謂君即小君也后夫人配君故天子國人稱之謂君則后謂小君降天子也舜不立正妃二女以長幼為序不言后豈后之下復為小君以稱此非禮也惟諸侯之妃天子封之曰夫人故國亦以小君稱之對諸侯以自稱於國也書稱舜曰五十陟方乃死禮曰天子登遐釋詁曰隲假格陟躋登升也則登遐升遐同文舜為陟方自是南巡狩凡行必謂陟蓋往而升也不謂地有高下而陟降異詞周公稱成湯曰禮陟配天自是殷禮能

升配天享國不宜遂以為陟而死也今曰陟文句為盡而謂方乃死者此不成語愈書誤以竹書雖以陟為升謂升遐也不得於此取之觀愈於此碑時用工深故博考而詳取蓋求之太過牽强取合固宜忘失本意

李千墓誌

唐太學博士李千誌河南李仲微得其碑以傳然其文自見昌黎集中惟碑少見故仲微貴之其書李翶亦可𫉬也志曰字子漸集無此又以柳賁為泌與集本異者

唐憲宗紀自作柳泌知李道古誌與此皆誤此誌甚畧干以丹砂受責之術以死且以為世戒也又敘歸登食水銀火射竅節以出李虛中服硫黃致疽發於背李遜且死始知藥誤孟簡自以得不死藥二年卒盧垣溺出血肉李道古亦以柳泌藥死海上覩其說者自令聳懼震恐可終身守之且世亦知尊生矣其壽宜不死卒以得死雖甚暗庸不此為也或傳退之晚歲頗嗜硫黃卒以此死白居易曰退之服硫黃一病竟不痊居易言可

信也立論以戒世求世必信公乃自蹈於此何哉余意以氣血既耗不得如向之時方幸扶衰救疾以冀朝夕近功不知其患已如干也可以一歎哉

孔戣志

孔戣誌稱戣平生節操有古人風使作者無愧詞亦使人知以銘誌為貴也攷廣德王碑其敘亦備矣當戣為華州刺史奏江淮進海味道路擾人憲宗以其言忠詔除嶺南節度其治見於嶺表者韓愈盡道之獨不及華

州事則誌不得而具者其序當然也嘗見隋煬帝時責貢四方而海錯出尤盡當時如鮸魚蝦子含肚鱸魚乾膾蜜擁劒桂蠹鯉腴動輒千品勞人殄物至江淮絶魚雖欲不亡其可得耶或曰使得其臣如戣輩在左右當無此患是不然諫幸江都如任建宗即日朝堂捰烏果切殺之矣然則人臣進諫亦會逢其時爾非憲宗之明其說果得行乎

處州孔子廟碑

處州夫子廟碑唐咸通四年刺史王通古重立以傳考之李繁作學官處州當元和二年至僖宗而碑已廢後世以昌黎公文可傳故又刻石於學使世存之昔歐陽文忠公謂隋唐之際天下州縣學皆廢且文公見官為立祠州縣莫不祭之則以夫子之尊由此其盛嗚呼禮之廢久矣皮弁祭菜示敬道也周之制凡始立學必釋奠於先聖先師禮曰始立學者既釁器用幣然後釋菜不舞不授器夫釋奠有樂釋菜無樂鄭康成謂釋菜於

詩書禮樂之官釋奠於先聖魯之錫成王以天子禮樂祀周公安得祭於學哉然則先聖祀孔子可也當三代盛時夔伯夷世為先聖祀於諸國必有合也至漢始以孔子祭於學天子親祀自晉成帝至唐武德定著於令其禮稍重范甯請用王者儀而范宣之議當其釋奠用帝王禮樂然謂釋奠幸存不以四時為祭今又無樂文忠公據後世苟簡便謂禮有不足則誤矣昔貞觀中始以孔子為先聖永徽定令復用周公為先聖黜孔子為

先師然文公遽以句龍棄得常祀無如夫子盛文忠謂孔子後天下皆以為先聖豈亦不知考於古耶開元詔曰昔縁周公南面夫子西坐自今後夫子南面而坐内出王者衮冕之服衣之制詔丞相册封文宣王於是列戟而以門人配焉其曰南面用王者事巍然以門人為配豈古實行之嘗怪二公於此不知考古使後世疑之此可歎也

廣川書跋卷九

欽定四庫全書

廣川書跋卷十

宋　董逌　撰

同光四年宣（中書謂之草樞密院謂之底三司謂之宣）

昨以鄴都叛亂須議濟師相次更委嗣源同謀翦滅不意忽因深夜寨内驚騷遽至紛紜權罷征討其城下一行大軍除鄴都側近分屯守把外李紹榮並部領且歸闕下見别舉王師攻取次兼李嗣源李紹貞等為緣軍

亂自負憂疑不欲回赴闕庭又未盡聞行止恐是卻歸鎮府排擬軍都向背未知隄防宜設竊知恐有潰散兵士逃背軍都結搆兇徒奔突城鎮右奉聖旨令諸處更切誡嚴師旅管内遍切指揮各令守把城池安存戶口常加警備勿失機宜仍須不住差人探候每事機飛狀申奏付晉州準此同光四年三月十七日宣樞密使李樞密使張天子降書命於下有策書制書詔書誡書策書起年月日稱皇帝曰此命諸侯王三公制書其文曰

制詔三公赦命令是也詔書詔告也有三品其文一曰告某官某如故事二曰省奏事三曰羣臣有所表答也已奏如是奏是也誡言誡敕刺史太守及三邊營官被敕文曰有詔敕某官是為誡敕自唐以樞密院領兵事始以宣自别於命余嘗得梁宣底考之知其制自唐末至五代而行之當貞明時李振為樞密使凡宣傳上旨以行於外而錄於其院則謂之宣底而後樞密院以其與敕異事故以其詔命謂之宣其制於事後具月日臣

其宣晉改樞密承宣以就其制今考其同光四年三月宣其書蓋與梁同制也河南石温叟得後唐同光四年三月宣余因考之貞明宣底見五代之制蓋自唐末相承如此梁以李振為樞密使其宣上旨以行於外而錄其事藏之故中書省以敕樞密院以宣各有制度其宣則於事後具年月日宣如唐告宣奉行而石氏所藏樞密院具姓此制則唐所行宣而錄其底以藏與梁宣底同也昔宋次道論繫月日姓名者乃所以為底今樞密

尚用之皆作卷軸連藏而同光宣以御前寶璽印出蓋其所行以出者與其畱底皆用寶也雖其一時搶攘蓋有司存焉不容其制相亂當唐莊宗遣李嗣源以取魏州謀議出此其至竄亡可坐計也方且召李紹榮還闕而恐嗣貞走鎮天之所誘悖謬其心此宜可以資後世一笑當其以兵武擅天下謀畫計決應於事機不可謂暗於前計滅梁纔三歲爾當皇甫暉以效節軍脇制在禮陷鄴都初命李紹榮討之邢州亂又以李嗣貞將而

討其州將趙太紹榮攻鄴無功莊宗欲自將牽於孽后不能决方其時明宗以疑自嫌不能釋於猜攜乃授以師徒余竊怪其取禍以遲求自速也方軍變於魏時而紹榮猶守城南紹貞乃辟西北隅明宗託偽還鎮州紹貞勸帝以兵南下莊宗死汜水而此宣方進紹榮明宗果欲歸鎮豈不知紹貞幸禍以激變而求其自託於嫌在禮反於魏軍以旁引壞詔劉氏謂小事可趣紹榮指揮此可為長太息也始莊宗與梁軍相持會賀疋入附

遂得魏而梁由此亡及得天下以王正言守之此不幾於以天下爲戲哉其籌畫筭計皆不足論其措置施設所以成其亂者可以爲後世戒以見五代之亂非天不悔禍蓋人謀召患雖天心之仁不能拯而救也其稱樞密使即張居翰李紹宏也其言紹榮元行欽也紹貞者瞿彦威也皆唐之賜姓號養子莊宗所仗以成功者也

李後主蚌帖

江南當五代後中原衣冠趣之以故文物典禮有尚於

時故能持國完聚一方豈徒然哉觀此帖下屬州責蚌醬猶有古義知以宗廟為重恐滋味𪎊玉篇作𩐉玉篇冉切而琰切味薄也其下惶遽供命不敢寧固知禮有貴於行事者也漢律會稽歲獻鮚巨乙切醬二升以說文求之鮚為蚌知此為宗廟祭久矣然謂漢有舊儀豈以此耶

李國主集賢院書

江左書兩等紙用澄心堂所作𣪊皮細鈔其上本入中隱堂備親覽者為御府書其下入文館以廣圖籍書有

楷法而字頗校讐今散落人間往往收藏爲嘉玩其書有楷行等亦與供進者絶異晉有中祕書而又有外庫悉異紙札故虞預言祕府中有布紙三萬餘不任寫御書而無所給請四百枚付著作書史寫起居注然則書紙有等自昔然也

爲張潛夫書官法帖

觀書似相家觀人得其心而後形色氣骨可得而知也古人大妙處不在結搆形體在未有形體之先其見於

書者託也若求於方直横斜點注折旋盡合於古者此正法之迹爾安知其所以法哉淳化中詔以祕閣所藏書入石又以翰林待詔王著摹字求其書法之外各有異處殆不可得至於行筆利鈍結字疏密時可見之然決礫鉤剔更無前人意皆著之書也其後得祕閣墨書校其字畫皆硬黄摹書至有墨色煙落或以重墨添暈當著奉詔時其所摹搨皆略放其大體而私以筆畫成之宜其用筆略無古人遺意不足異也觀王洽書逸少

謂不減已落簡揮毫有郢匠成風之勢王珉書獻之謂騎驢駸駸欲度驊騮前今視官帖二人書畫雅有相類而洽更自劣弱珉書則與子敬更不可辨皆硬黄偽誤少眞而摹傳者遂成一體也今人不知其故憑石本便評定書畫至於放言立論更無疑處此與觀景而論形神以為其勝其劣何以異哉

為方子正書官帖

世疑官本法帖多弔喪問疾蓋平時非問疾弔喪不許

尺牘通問故其書悉然余求之故不當爾也唐貞觀嘗購書四方矣一時所得盡入祕府張芝鍾繇張昶王羲之父子書至四百卷漢魏晉宋齊梁雜蹟又三百卷惟喪疾等疏比之凶服器不及入宫故人間所得者皆官庫不受者也唐世兵火亦屢更書畫湮滅不能存其一二逮淳化中詔下搜訪已無唐府所藏者矣其幸而集者皆唐所遺於民庶者故大抵皆弔問書也

石曼卿書

世以曼卿跅弛不羈故其乗一時豪氣所感豈提鉛懐槧者所能模放耶觀其論天下事無不公當後數十年其言益信可用精思者不能過也潞子城有曼卿所書蓋寳元七月是時朝廷始以曼卿所上民兵為可行故得與吴遵路同籍河東兵至此迨今六十五年本道再置使按民兵其説正當時所議而西河師中適為上黨尉初得其書摹石此豈亦有數耶

晝錦堂記

運筆柔則無芒角執手寛則多緩弱㸃掣短則法臃腫㸃掣長則法離澌畫促則字勢横畫疎則字形慢拘則乏勢放或少則純骨無媚純肉無力少墨浮澀多墨笨鈍書病如此其衆惟積學漸成者當求擺脱入究竟三昧此宜有墨池筆塜終身於是然書法須得天然至功力亦不可棄王僧虔曰宋文帝書自謂不減王子敬時議天然勝羊欣功夫不及便知力學所至不可廢也蔡君謨妙得古人書法其書晝錦堂每字作

笨切笨尊草叢生也

一紙擇其不失法度者裁截布列連成碑形當時謂百衲本故宜勝人也

書萊公事後

李化光書王世弼事其言萊公主陰官若王者居巋然正坐侍列至衆曰此王也命弼拜既寤稍露其語故化光得書或問秀師曰此修羅地也佛法修羅下人天一等或疑公之正節直行當入天神今乃在修羅何耶廣川董某曰予謂主陰官者爲生大海心而下劣者耶亦

將謂鬼趣所攝而從卵生者耶若公之蹈難不顧死以忠力再造王室此與執持世界力同無畏蓋與帝釋梵王居者不知公在天趣矣子無疑其如在離溝下鼉洑陽倍鮭沈水海口以恐懼驚動疑俗求敗鼓喪豚者為公之靈響耶

顏泉記

余見李勝作顏泉記昔文姜事姑則異一日泉發其居遂廟食於此或曰昔李陽冰嘗尉淄川刻碑廟中令所

書蓋據李監說余往來求陽冰記不得其後得破石僅尺蓋為礎或視之書字可讀按其說文姜姓顏餘與今廟中刻石所記無異嘗見唐李充作集異記書文姜事姑以孝謹樵采之外汲山泉以供飲一旦緝籠之下湧泉清泠可愛時謂顏娘泉李充所記後世據之按顏野王輿地志謂顏文妻也事姑感得靈泉生於室内常以緝籠蓋之姑出籠即泉涌居宅時號籠泉水野王所記自是當時所傳李充以為顏文姜誤也今考地記淄川

為齊邑唐武德分於齊郡而為州治當唐陽冰為尉於郡邑其事不妄而謂顔氏文姜則不得其實按此水本號萌水出甲山東北逕萌山西注般陽入於瀧下與齊水合者萌水口也不知允陽冰在唐世猶不得其水名而輿地志固已辨其出可無信耶余修官書見熈寧中封顔文姜為順德夫人當時不知詳考但據李允所記此其失也

上山斫檀榽遐雞切橀呼奚切榽橀木細葉似檀今江東有之先殫謂山無檀則不可謂榽橀果足用為檀則世亦不能自困也昔神龍中王方慶上其祖導洽珣仲寶騫規獻之二十八人書離卷為十詔賜其書號寶章命崔融為序復還方慶當時所集大小差次不能比櫛相倫隨其廣狹高下為卷其後散逸世人各復一二得之淳化所上帖已有雜出是集者矣元符中祕閣復以至道後逮紹聖間所購書摹石寶章集盡刻之余嘗見墨蹟盡作硬黃紙次

第屆側入切 㞕直立切玉篇曰從後蹋也如梵經亦甚整理此乃唐人臨搨者世人以其石刻出祕閣比他石為難得乃剔取寶章一卷别出謂眞方慶所上也道導洽珣書自有存者世或得之不於此求而競從於偽因書其末崇寧三年十月為宗子大年書

為邵仲參書寶章集

古人論書要識書家主人則妄誤者故常奴爾亦何至亂眞耶後世於書既失眼目而摹搨轉偽則雖欲如古

人懸斷眞偽不復得也故常求辨其繅紙所因以識其世先後其間甚偽者可以辨至工於臨搨而得舊繅紙者則不能盡知服虔謂方絮曰絮蓋漢如此古人治紙要自有法故以繅帛依舊書長短隨事截之則為幡紙以生布作紙絲縷相綖故名麻紙以樹木皮作紙名穀紙至蘗汁涅染㸃治槌裝則為經紙自漢魏遺字多作幡紙晉宋多用麻紙而隋唐用經紙今世所見宋晉帖多作經紙硬黄此於眞偽可以不論也余見祕閣寶章集

悉為經紙摹書然武后既復以賜方慶則畱於御府者當時所臨搨者也不然公家何處得此然有法度陵轢迅快故知為能書也

僧伽傳

蔣穎叔作鍾離景伯書廬江劉良以示余考之僧伽本天竺人龍朔初至中國景龍四年入滅蓋年八十三矣此以舊傳韓退之詩知其瑰奇不可少貶其謂李太白嘗以詩與師論三車者此則誤也詩鄙近知非白所作

世以昔人類在集中信而不疑且未嘗深求其言而知其不類余與之校其年始知之太白死在代宗元年上距大足二年壬寅為六十年而白生當景龍四年白生七歲固不與僧伽接然則其詩為出世俗而復不考歲月此殆涅其服者託白以為重而儒者信之又增異也龍朔元年至景龍四年以唐歷校之為五十年知僧伽在西方時三十三年矣余以舊傳知之

魯直烏絲欄書

翟湛嘗以烏絲欄求豫章黄魯直為書蘇子瞻陶淵明詩字尤用意極於老壯能不似平時書但烏絲治之不得法礙阻礫決頗失行筆勢蓋縑帛不如昔也往見晉宋諸人謂縑素之工殆絶於昔惟王僧虔尋得其術雖不及古不減郗家所製當時書縑自别是一機杼故能傳久遠如此覩張芝有縑素書傳於唐而張昶毛宏亦傳縑素書後人得其舊本便知其異也今為烏絲不如昔工又澀緩有浮纇槌練得柔滑加繕治然後可用不

若紙也唐許渾以烏絲欄書其詩為集然則豫章書東坡詩便為有考於古也

廣川書跋卷十

總校官舉人臣章維桓

校對官主事臣陳墉

謄錄監生臣王宮

圖書在版編目（CIP）數據

廣川書跋 / (宋) 董逌撰. — 北京：中國書店, 2018.8
ISBN 978-7-5149-2066-6

Ⅰ. ①廣… Ⅱ. ①董… Ⅲ. ①古籍－題跋－匯編－中國 Ⅳ. ①G256.4

中國版本圖書館CIP數據核字(2018)第079432號

四庫全書·藝術類

廣川書跋

作者　宋·董逌 撰
出版發行　中國書店
地址　北京市西城區琉璃廠東街一一五號
郵編　一〇〇〇五〇
印刷　山東汶上新華印刷有限公司
開本　730毫米×1130毫米　1/16
印張　26.75
版次　二〇一八年八月第一版第一次印刷
書號　ISBN 978-7-5149-2066-6
定價　九八元